訳文庫

ドストエフスキーと父親殺し／不気味なもの

フロイト

中山元訳

kobunsha classics

光文社

Das Motiv der Kästchenwahl
1913
Einige Charaktertypen aus der psychoanalytischen Arbeit
1916
Eine Kindheitserinnerung aus "Dichtung und Wahrheit"
1917
Das Unheimliche
1919
Der Humor
1927
Dostojewski und die Vatertötung
1928

Author : Sigmund Freud

凡例

(1)本書の底本は、Sigmund Freud, *Gesammelte Werke, chronologisch geordnet*, Imago Publishing Co., Ltd., 1946, 1947, 1948 である。
(2)本文の小見出しは基本的に訳者によるものである。訳文は読みやすいように適宜改行している。
(3)［ ］で囲んだ部分は、訳者による補足である。
(4)解説などで引用した文章は、原文のテクストを参照して、訳者が手を加えていることが多い。
(5)本書の年譜や解説の作成にあたっては、ピーター・ゲイ『フロイト』（鈴木晶訳、みすず書房）とラプランシュ／ポンタリス『精神分析用語辞典』（村上仁監訳、みすず書房）を参考にしている。精神分析用語の訳語は基本的に『精神分析用語辞典』に準拠している。
(6)フロイトの原注は、＊1のように示して、また訳注は（1）のように示して、それぞれの論文の最後にまとめて掲載した。

目次

ドストエフスキーと父親殺し／不気味なもの

小箱選びのモチーフ（一九一三年）

第一節

『ヴェニスの商人』の小箱選び

最近、シェイクスピアの二つのシーンがきっかけとなって、ちょっとした問題を思いつき、それを解決しようと試みた。このシーンは一つは朗らかなシーンであり、一つは悲劇的なシーンであった。

朗らかなシーンは、『ヴェニスの商人』で、ポーシャに求婚した人々が三つの小箱のうちのどれを選ぶかという場面である。才色兼備のポーシャは父親の遺言によって、差しだされた三つの小箱から正しい箱を選んだ人を夫とすることを命じられていた。この三つの小箱は金の箱、銀の箱、鉛の箱であり、正しい箱には、ポーシャの肖像画が入っているのである。すでに二人の求婚者が箱選びを試して、空《むな》しく引き下がっていた。一人は金の箱を、もう一人は銀の箱を選んだのである。三人目の求婚者であるバッサーニオは鉛の箱を選ぶことを決心した。実は、運命を決めるこの選択をする前から、ポーシャはバッサーニオを気にいっていたのであるが、バッサーニオは鉛の箱を選ぶことで、ポーシャを花嫁とすることができた。

三人の求婚者は、どの箱を選ぶかを決める前に、その箱を飾る金属が好きな理由と、残りの二つの金属が気にいらない理由を語っていた。この理由の説明がもっとも困難だったのは、幸運な第三の求婚者であった。金と銀よりも鉛が好ましい理由として語りうることはほとんどなかったし、あまり説得力もなかったのである。精神分析の治療において、患者がこのような理由を説明したなら、そうした説得力のない説明の背後に、何か隠された動機が秘められているに違いないと推測することだろう。

この小箱選びの託宣はシェイクスピアが発明したわけではなく、『ゲスタ・ロマノールム』の物語から借用したのであり[(1)]、この物語では皇帝の息子と結婚するために、少女が同じような小箱選びの試練をうける[*1]。その試練でも第三の金属である鉛の箱が幸運をもたらすことになっている。これにはもっと古いモチーフが存在しているのは明らかであり、これを解釈し、導きだし、起源を明らかにする必要があることは、すぐに分かる。この試練では、金、銀、鉛の選択に別の意味があるのだろうと推測できるが、これは同じテーマをもっと広い枠組みで考察したEd・シュトゥッケンの研究で確認されたのである。[*2]

彼は次のように述べている。「ポーシャの三人の求婚者が誰であるかは、何を選ぶかで明らかになる。モロッコの王子は金の小箱を選ぶ。彼は太陽である。アラゴンの王子は銀の小箱を選ぶ。彼は月である。バッサーニオは鉛の小箱を選ぶ。彼は星の子である」。この解釈を裏づけるために彼は、エストニアの民族叙事詩『カレヴィポエク』のエピソードを引用している。(2) このエピソードでは三人の求婚者は、仮装することなく、それぞれ太陽、月、星の若者（「北極星の長男」）としてありのままの姿を示している。このエピソードでも花嫁を獲得するのは第三の求婚者である。

このようにわたしたちの小さな問題は、星辰神話にまでつながっていることになる。ただし残念なことに、これで問題が解決したわけではなく、まだ疑問が残っている。一部の神話研究者のように、神話が天から降ってきたと考えるわけにはゆかないからである。わたしたちはオットー・ランクとともに、[*3] 神話は天ならぬ地上の純粋に人間的な条件のもとで成立し、それが後の段階で天に投影されたにすぎないと考えているからである。わたしたちが関心をもっているのは、こうした人間的な内容である。わたしたちの関心を引いたあのシーンをもう一度詳しく調べてみよう。エストニアの叙事詩でも、『ゲスタ・ロマノールム』の小箱選びの物語でも、一人の娘が三人の求婚者のうちの一人を選ぶという物語である。『ヴェニスの商人』と同じ状況のようにみえるが、ここでは同時にモチーフが逆転して現れている――一人の男が三つの小箱の一つを選択するのである。

夢の解釈であれば、この箱が象徴するのは、女性であると考えるだろう。筒状の容器、缶、蓋つきの容器、籠などと同じように、小箱は女性における本質的なものを象徴し、小箱は女性そのものだと考えるところである。だから神話においても、このような象徴の代理が行われると想定するならば、『ヴェニスの商人』の小箱選びのシーンは、わたしたちが考えていたように、逆転したものになる。まるで童話の世界の中の出来事のようにあっという間に、このテーマが星の「衣」を剝ぎとってしまう。このシーンは一人の男性が三人の女性のうちの一人を選択するという人間的なモチーフに変わってしまうのである。

『リア王』の三人の娘

シェイクスピアのもっとも感動的なドラマの一つのシーンでも、同じような内容が問題とされている。これは花嫁を選ぶシーンではないが、多くの隠れた類似点によって、『ヴェニスの商人』の小箱選びのシーンと結びついている。老王リアは、まだ自分が生きているうちに、三人の娘たちのあいだで自分の王国を分割しておこうと決意する。そして娘が父親に示す愛情の大きさに応じて、分け与える領土の大きさを決めようとしたのである。長女のゴナリルと次女のリーガンは、父親への愛情の大きさを誓い、誇示するが、末娘のコーディリアには、そのようなことはできなかった。リア王は、口に言い表せない末娘の愛情の深さを認め、称《たた》えてやるべきだったが、彼女の気持ちを誤解して、追いだしてしまう。そしてコーディリアに分け与えるはずだった領土を、上の二人の娘に与えてしまうのである。これが王にも、ほかのすべての人々にも、不幸をもたらす結果となる。このシーンもまた、三人の女性のうちで、もっとも愛情の深い女性を選ぶシーンではないだろうか。そしてここでも、もっとも善良で優れていたのは、［鉛に相当する］末娘なのである。

神話や伝説の三人の女性

こう考えてみると、神話や童話や虚構のうちから、同じような状況を描いているシーンをすぐにいくつも思いだすことができる。羊飼いのパリスは三人の女神のうちでもっとも美しい女神を選ぶように言われて、三人目の女神［アフロディーテ］を選ぶ[3]。シンデレラの灰かつぎ姫も、三人姉妹の末娘であり、王子は上の二人の娘を差し置いて、末娘を妻として選ぶ。アプレイウスの物語に登場するプシュケは、三人姉妹の末娘で、もっとも美人である。このプシュケは一方では、人間になったアフロディーテとして崇められるが、他方では灰かつぎ姫が継母にいじめられるように[4]、アフロディーテにこき使われて、さまざまな穀物が混じった山を穀物ごとに分けるように命じられる。そして小動物の助けで（灰かつぎ姫では鳩、プシュケでは蟻）、どうにか仕事を終えることができたのである。[*4] さらに探してみれば、本質的に同じような特徴をそなえたこのモチーフが、もっと見つかるはずである。

しかしわたしたちは［『ヴェニスの商人』のほかに追加するのは］コーディリア、アフロディーテ、灰かつぎ姫、プシュケの四つの事例で満足することにしよう。三人の姉妹が登場し、そして三人目の末娘がもっとも優れているというモチーフは、これが姉妹として示されているかぎりでは、ある意味で同質な存在の比較を意味しているものと考えることができる。リア王の場合には、選ばれる三人の娘が選ぶ王自身の娘たちということになっているが、これで惑わされてはならない。リア王を老人として描く必要があったためだけなのである。老人が三人の女性のうちから一人を［妻として］選ぶというのは考えにくいことであるから、これらの三人の女性が娘として登場しただけなのである。

さて、これらの三人の姉妹はそもそも誰なのだろうか、そしていつも三人目が選ばれるのはどうしてなのだろうか。これらの問いに答えることができたならば、このモチーフは解釈できたことになる。わたしたちは三つの小箱が、三人の女性を象徴するものと説明したときに、すでに精神分析の技術を使ったのであるが、勇気をだして、この技術をさらに使ってみることにしよう。するとわたしたちの進む道は、最初は予想外なものや、理解できないものに直面することになるだろうが、回り道をしながら、やがては目指すところにたどりつくことになるだろう。

三人目の女性の特徴

ところで、選ばれる三人目の優れた末の妹が、たんに美しいだけでなく、ある特別な特徴をそなえていることが多いことに、もっと注目してしかるべきだろう。これらの特徴はある共通の特性にまとめることができるようであるが、ただしすべての実例で同じように顕著なものとして現れているとは期待できない。コーディリアは目立たず、鉛のように地味であり、黙っている。彼女は「心のうちでは愛しているが、黙っていよう」と考える。(5) 灰かつぎ姫は隠れているので、見つけることができない。隠れていることは、黙っていることと同じことを意味していると考えられるだろう。しかし隠れたり、黙ったりしているのは、ここで検討する五つの実例のうちの二つだけである。ただし他の二つの実例でも、同じような気配がみられることは興味深い。すでにかたくなに「父親への愛情を吐露することを」拒むコーディリアをわたしたちは鉛に譬《たと》えてきた。「同じように『ヴェニスの商人』では」バッサーニオが小箱選びのあいだにつぶやく短い言葉のうちで、まったくだしぬけのように、こう語られていた。

そのお前の蒼白さが、とうとうたる雄弁よりも私に訴える。(6)

(別の版では「蒼白さ」は「飾り気のなさ」になっている)

ということは、鉛の飾り気のなさが、［金と銀という］他の金属の騒がしい性質よりも好ましいということである。金と銀は「声高に語る」が、鉛は「心のうちでは愛しているが、黙っている」コーディリアと同じように、沈黙しているのである。*5

次に古代ギリシアのパリスの美女選びの物語で、選ばれたアフロディーテにはこのような遠慮深さはまったくみられない。三人の女神は若者パリスに話しかけ、さまざまなことを約束しながら、自分を［もっとも美しい女神として］選んでもらおうとするのである。しかしこのシーンをまったく近代的に改作した作品では、三人目の女神に、わたしたちが注目している特徴がふたたび登場している。［オッフェンバックのオペレッタ］『美しきヘレナ』の台本では、パリスは最初の二人の女神にどのように約束されたかを語った後に、この女神の美人コンテストでのアフロディーテの様子について、次のように語っている。

三人目の女神は、そう、三人目の女神は、
並んで立って、黙っていた。
だから彼女に林檎を与えざるをえなかったのだ。……

このように、三人目の女性の特性は「沈黙」に集約されると結論することができるだろう。そして精神分析はわたしたちに、夢の中の沈黙は、死のもっともありふれた表現であることを教えてくれるのである。[*6]

一〇年以上も前のことだが、非常に知性の高いある男性が、夢にはテレパシーという性格があることを示す証拠として、一つの夢をわたしに語ってくれたことがある。その夢の中で彼は、長いあいだまったく音信不通で、近くにいなかったある友人を見た。彼は友人になぜ便りを寄越さないのかと、強く咎めた。友人はまったく答えなかった。後に、彼がこの夢を見た頃に、その友人が自殺していたことが明らかになったという。

それがテレパシーによるものかどうかは別として、夢の中での沈黙が死を表現していることは、疑う余地のないことと思われる。「グリム」童話の王子は、灰かつぎ姫が「隠れてしまう」のと「見つけられない」ことを三度経験するが、これも夢の中では死の象徴であることは間違いのないところである。シェイクスピアの異本のテクストで「飾り気のない《プレインネス》」が「蒼白い《ペイルネス》」になっているところがあるが、この鉛が思い出させる際だった蒼白さも、死の象徴である。[*7] 夢ではない［童話などの］作品においても、沈黙が死んでいることを示す記号として使われていると解釈しなければならないことを提示できれば、夢の言語からえられたこの［沈黙が死の象徴であるという］解釈を、わたしたちが分析している神話の表現方法にも転用することが、容易になるはずである。

わたしはここで『グリム童話』の第九番目の「一二人の兄弟」というタイトルの童話を検討してみたいと思う。[*8] 昔あるところの王さまとそのお后《きさき》には、一二人の子供がいたが、どれも男の子だった。王は、一三番目の子供が女の子であれば、上の一二人の兄たちは死なねばならぬと決める。一三番目の子供の誕生を待ちながら、王は一二個の棺を作らせる。一二人の兄弟は母親に助けられて深い森に隠れ、もしも女の子に出会ったならば、誰でも殺してしまおうと約束する。

王と后に娘が生まれ、大きくなってから、母親から自分には一二人の兄たちがいたことを知らされる。娘は兄たちを見つけだそうと決意し、森の中で一番下の兄を発見する。彼はそれが妹であることに気づくが、兄弟の誓いがあるので、［殺されないように］妹をかくまおうとする。妹は、わたしが死ねば一二人の兄たちが救われるのであれば、喜んで死にますと語る。しかし一二人の兄たちは妹を心から歓迎して迎え、妹は兄たちのところにとどまり、家の世話をするようになる。

家の近くの小さな庭に、一二本の百合の花が咲いている。兄たちに一本ずつ贈物にしようと、妹がこれを摘んでしまう。その瞬間に兄たちは鳥に姿を変えられてしまい、家と庭とともに姿を消す。鳥は霊鳥である。物語の最初では、一二個の棺と兄弟たちの失踪によって、妹［の誕生］によって一二人の兄弟が殺されるというモチーフが表現された。この場面では妹が一二本の百合を〈摘む〉ことで、これがふたたび表現されたのである。

ここでも妹は一二人の兄たちを救う［ためにみずからを犠牲にする］用意があるが、そのためには七年のあいだ沈黙して、一言も話さないことが条件であることを教えられる。妹はこの試練に耐え抜くが、そのために自分の生命を危うくすることになった(7)。兄たちに出会う前に誓ったように、兄たちのために死のうとするのである。そして妹

ことに成功する。妹は沈黙を貫いて、鳥たちを救う［すなわち兄たちを元の人間に戻す］ことに成功する。

「六羽の白鳥」という童話もまったく同じように、鳥に姿を変えられた兄たちが、妹の沈黙によって救われる、すなわち命を取り戻すという物語である。妹は「たとえ自分の命がなくなっても(8)」、兄たちを救うと堅く決意した。そして悪意のある告発をされても、沈黙を破ろうとしなかった［すなわち弁明しなかった］ために、王妃でありながら、命を失う危険にさらされるのである。

童話のうちから、沈黙が死を表現したものとして理解されなければならないという証拠を、まだいくつでもみいだすことができるだろう。そしてこうした兆候にしたがって考えるならば、選ばれる三人の女性のうちの三番目の女性は、死者だということになる。あるいは死者ではなく、死そのもの、死の女神であるかもしれない。そしてごくふつうにみられる「置き換え」のプロセスによって、女神が人間に与えている特性は、女神そのものの特性と考えることができる。死の女神において行われるこのような「置き換え」は、わたしたちにはごく馴染みのものである。現代的な考え方では（ここではこうした考え方を想定している）、死とは死者にほかならないからである。

運命の女神たち

しかし三人姉妹の末娘が死の女神だとすると、わたしたちにはこの三人の姉妹が誰なのか、すぐに分かる。これは運命の女神たちなのである。［ギリシア神話の］モイライたち、［ローマ神話の］パルカエたち、［ノルマン神話の］ノルネンたちなのであり、末娘の名前はアトロポス、すなわち冷酷な者である。(9)

第二節

モイラとホーラー

このようにして確認された解釈が、わたしたちの神話にどのようにあてはまるかについては、しばらく心配しないでおくことにしよう。むしろ神話学者に、運命の女神の役割と由来について尋ねることにしよう。*9

ギリシアの最初期の神話には、逃れがたい運命を人格化した女神はモイラだけだった（ホメロス）。この一人のモイラはやがて三人（ときには二人）の女神の姉妹に発展

していったが、これはモイラに近い女神であるカリスやホーラーなどの像に基づいたものだったろう。(10)

ホーラーはもともとは雨、露を恵んでくれる天の海の女神であり、雨を降らせる雲の女神であった。そして雲が織物とみなされたために、この女神には糸を紡ぐ女性の性格が与えられ、これがモイラに固定されたのである。太陽の陽射しに恵まれた地中海の世界では、大地が豊穣な恵みをもたらすかどうかは、雨が降るかどうかによって決まったのであり、こうしてホーラーたちは植物の女神に変身した。人々はこれらの女神に美しい花々と豊かな果実の実りを感謝し、女神たちにさまざまな愛すべき快い特性を与えたのだった。

これらの女神は神の代理として季節を司るものとなり、この季節の数との関係で、三人の女神になったに違いない（三という数は貴い数であることだけで、ある程度は説明できるのはたしかだが）。古代の民族は当初、季節としては冬、春、夏しか区別していなかったからである。秋という季節はグレコ・ローマン時代後期になって初めて登場したのであり、それ以来、絵画ではホーラーたちは四人として描かれるようになった。ホーラーたちは、この「季節という」時との関係を失うことがなかった。この女神たちは最初は一年の時間、すなわち季節を司っていたが、やがては日々の時間を司ることになり、ついには時間の名称（［たとえばフランス語の］ウール、［イタリア語の］オーラ）にすぎないものとなった。ドイツ神話のノルネンたちは本質的にこのホーラーやモイラに近いものであり、その名前のうちに時間との関係の名残を示している。やがてはこの女神たちの本性がさらに深く認識されて、時間の変化のうちに潜む規則性こそが本性であるとされるようになった。このようにしてホーラーたちは自然法則の守護者となり、［天の星辰の回転のように］同じものを不易の順序で回帰させる聖なる秩序の守護者となったのである。

しかし自然についてのこのような認識が、人生の理解に逆に作用した。自然の神話が人間の神話に変わったのである。そして天候の女神が運命の女神に変わったのである。しかしホーラーたちのこの［運命の女神という］特徴が明確に表現されるようになったのはモイライたちにおいてである。ホーラーたちが自然の規則正しさを司っていたのと同じ厳格さをもって、モイライたちは人生における必然的な秩序を司るのである。これまではホーラーたちの愛らしい姿のために、逃れることのできない法則の厳しさ、死と没落との関係は隠されていたのだが、モイライたちにおいて明確に刻印されるようになった。あたかも人間は、みずからが「死の不可避性という」自然の法則に支配されるようになって、初めて自然の法則の真の厳しさを感じるようになったかのごとくである。

この三人の「運命の」糸を紡ぐ女神たちの名前には、神話学者によって興味深い解釈が示されている。次女のラケシスは、「運命の法則の厳しさのうちでの偶然的なもの」を意味しているようである。[*10]わたしたちならこれを「人生体験」とでも呼ぶだろう。末娘のアトロポスは「避けがたいもの」、すなわち死を意味しており、長女のクロートーは、持って生まれた災い多き素質を意味している。

死の女神と愛の女神

こうして、三人姉妹のうちの一人を選択するという物語の背後にあるモチーフについてのわたしたちの解釈に戻るべきときが来た。わたしたちが解釈してきた状況に、これまで確認してきた事柄を適用してみると、まったく理解できなくなるのであり、この状況がまったく矛盾しているような外観を示すことに、深く困惑せざるをえない。神話の解釈からは、三人姉妹の末娘は死の女神であり、死そのものであることが確認されたが、パリスの美女選びでは、三人目の女神は愛の女神のアフロディーテであり、アプレイウスの物語では愛の女神に相当するような美女であり、『ヴェニスの商人』では誰よりも美しく、賢明な女性であり、『リア王』ではただ一人だけ父に忠実な娘である。これほど矛盾したことが考えられるだろうか。ところがこの考えられないほどの巨大な矛盾が、わたしたちの目の前にある。女性たちのあいだから自由に一人を選ぶというわたしたちのモチーフにおいて、選ばれるのがつねに死であるということ、誰も選びたくはないが、運命によってつねにその犠牲として選ばれる死であるということからすれば、ここにはたしかに大きな矛盾がある。

しかし精神分析の解釈の仕事においては、ある種の矛盾、すなわち何かが正反対のものに置き換えられるということは、大きな困難をもたらすものではない。たとえば夢のような無意識な表現手段においては、対立したものが一つの同一の要素によって表現されるのは周知のことであり、ことさらに指摘する必要はないだろう。人間の精神生活においては、いわゆる反動形成によって、(11)対立したものに代理させる動機が存在していることを指摘しておきたい。精神分析の仕事によって、このような隠されたモチーフを発見できたことは、大きな成果なのである。

人間がモイライという女神たちを創造したのは、人間は自然の一部であり、死という避けがたい法則に服していることを教えた洞察の結果なのである。しかし人間のうちの何かが、この法則に服さねばならないことに反抗したに違いない。「自分だけは」例外的にこの法則の適用をうけないのではないかという望みを放棄するのは、きわめて意にそまぬことだからである。周知のように、人間は現実に満たされることのなかった欲望を満足させるために、空想を働かせるものだ。人間の空想は、モイライの神話に示された「人間は必ず死ぬものであるという」洞察に抵抗するのであり、この神話から別の神話を作りだす。新たに作りだされた神話では、死の女神が愛の女神に替えられ、「女神が」人間の姿に近いものに替えられたのである。

こうして三人目の女神はもはや死を示すものではなくなった。女性のうちでもっとも美人であり、善良であり、もっとも欲望され、愛されるに値する女性となったのである。このすり替えは技術的には難しいものではなかった。これは昔から存在していたアンビヴァレンツによって準備されていたのである。昔からこの「愛と死との両義的で」原始的な関係は存在していたのであり、まだそれほど忘却されていなかったはずである。今や死の女神に代わって登場した愛の女神は、かつては死の女神そのものだったのである。

ギリシアの「愛の女神」アフロディーテは、かつては冥府の神だった。やがてこの女神は、それまで冥府においてはたしていた役割を、ペルセフォネや、三つの顔をもつ女神アルテミス・ヘカテーに譲ってしまったものの[12]、冥府との関係が完全に断たれることはなかったのである。またオリエントの諸民族の偉大な原母の女神たちもまた、生む神であると同時に破壊する神であり、生命と生殖の女神であると同時に、死の女神でもあったのである。だからわたしたちが考察しているモチーフにおいては、願望の働きで「死が愛へと」反対のものに代替されたのだが、これは原初における「死の女神と愛の女神の」同一性に基づくものだったのである。

選びと宿命

これと同じような考察によって、三人の姉妹の神話のうちに、どこから「選び」という特徴が入ってきたのかという問いに答えることができるようになる。ここでも願望の逆転が行われたのである。「選び」は、必然性と宿命の代わりに存在しているのである。人間は、「死が避けられないものであることを」思考の上ではすでに承認しているのに、［選びという要素を導入することで、それが必然であることを］否定するのである。これほどに卓越した願望の勝利はほかに考えられないほどである。人間は、実際には強制に服しているところで〈選ぶ〉のである。そして人間が選ぶのは［死という］恐ろしいものではなく、［愛という］もっとも美しいもの、欲望するに値するものである。

詳細に検討してみると、この原初の神話の歪曲も十分に徹底的に行われておらず、その残滓のような現象の存在をうかがうことができる。三人姉妹の一人を〈自由に〉選択するというが、これはそもそも〈自由な〉選択などではない。『リア王』の選択の場合のように、そこからあらゆる不幸が生じてくることを避けようとすれば、三人目の末妹を選択するしかないのである。死の女神の代わりに、もっとも美しく、もっとも善良な女神が登場したのだが、この女神は不気味なものを感じさせる特徴を漂わせている。だからこそわたしたちも、こうした特徴を手掛かりにして、隠されているものを見抜くことができたのである。[*11]

わたしたちはこれまで神話とその変遷の跡をたどってきたが、これで変遷の隠された理由を示すことができたとおもう。ここで作者がこのモチーフをどのように利用しているかに注目しよう。わたしたちは、作者がこのモチーフをもとの神話に戻しているような印象をうける。そのことで歪曲によって和らげられていたもとの感動的な意味が、読者にもふたたび感じられるようになったのである。作者は歪曲されたものを部分的に本来の姿に戻すことによって、読者の心に深い印象を生みだしているのである。

誤解を避けるために指摘しておきたいが、わたしは『リア王』の悲劇は、読者に二つの教訓を鋭く提起しているという通説に反対しているわけではない――生存中から自分の財産と権利を放棄してはならないという教訓と、阿諛《あゆ》の言葉を真にうけてはならないという教訓である。このような警告や、その他の同様な警告は、悲劇を読んでみればすぐにはっきりと感じられる。ただしわたしには、このような思想内容の印象からは、『リア王』が与える巨大な感動を説明することも、うけ入れることもできないと思える。それに作者の個人的なモチーフが、読者にこんな教訓を与えることだけだったと考えることもできない。また作者は、自分の人生で忘恩の痛みを味わったことがあったために、その忘恩の悲劇をわたしたちに示そうとしたのだとか、この悲劇のもたらす効果は、芸術的な装いという形式的な要素だけによるものであるという見解も耳にするが、わたしたちが三人姉妹の選択のモチーフを評価することによって獲得した洞察が、これによって否定されることはないのである。

リア王は老人である。三人姉妹が娘として描かれるのは、そのためであることはすでに指摘した。この父と娘の関係は、恐ろしいまでに劇的な原動力を生みだすことができたはずであるが、この悲劇ではほかには活用されていない。リア王は老人であるだけではなく、死にかけている人間でもある。そのために「生前の」遺産贈与というきわめて異例な前提も、さほど不思議なものではなくなっている。しかし死を迎えようとしているこの男は、女性の愛を諦めることは望んでいない。そして自分がどれほど女性たちから愛されているかを知りたがるのである。

そこで近代の演劇のうちでも、もっとも悲劇的なクライマックスの一つである劇の最後のシーン、あの魂を震撼させる場面を考えてみよう。リア王は、娘コーディリアの死骸を抱えて登場する。コーディリアは死者である。状況を逆転させてみれば、彼女はわたしたちに理解しやすいもの、馴染みのものとなる。すなわちドイツ神話のワルキューレのように、死せる英雄を戦場から運び去る死の女神なのである[13]。だから永遠の叡智が、古い神話の衣をまとって老人に言い聞かせているのである。[女性の]愛情はもはや断念せよ、死を選べ、死という必然性と和解せよ、と。

作者は、死にかけている老人に、三人姉妹の誰を選ぶかという選択をさせることで、わたしたちに古いモチーフの意味を理解しやすくしてくれている。願望の逆転によって歪められた神話を題材にしながら、作者は歪みを戻[して本来の姿を示]すという作業を加えることで、神話の古い意味をわたしたちに分からせてくれる。そこでこのモチーフに現れた三人の女性像のアレゴリー的な意味の広がりを解釈できるようになったわけである。おそらくここに描かれている三人の女性は、生む女、性的な対象となる女、破壊する女の像だと考えられるだろう。これは男性が女性とのあいだで結ぶ三つの避けられない関係を示すものであり、人生において母親の像が変化する三つの姿なのである。第一の像は母親そのものであり、第二の像は、男性が母親の面影を思い浮かべながら選び、愛する女性の像であり、第三の像は、母なる大地としての[原母の]女性であり、男性はこの母のもとに戻ってゆくのである。しかし、かの老いたる者は、最初に母親からえた愛情を、女性の愛情を空しく求めつづける。そしてこの老いたる者を腕に迎えるのは、第三の宿命の女神、沈黙する死の女神なのである。

原注

＊1　G・ブランデス『ウィリアム・シェイクスピア』（一八九六年、パリ）。
＊2　Ed・シュトゥッケン『星の神話』（一九〇七年、ライプチヒ）六五五ページ。
＊3　オットー・ランク『英雄誕生の神話』（一九〇九年、ライプチヒ、ウィーン）八ページ以下。
＊4　この一致については、オットー・ランク博士から教示された。
＊5　［ドイツ語の］シュレーゲルの訳では、この気配はまったく失われている。まったく逆に訳されているのだ。「お前の飾り気のなさが、わたしに雄弁に語りかける」。
＊6　W・シュテーケルの『夢言葉』（一九一一年、ヴィースバーデン）でも、死の象徴として「沈黙」があげられている（三五一ページ）。
＊7　シュテーケル前掲書、同所参照。
＊8　レクラム文庫版、第一巻、五〇ページ。
＊9　以下ではロッシャーの『ギリシア・ローマ神話辞典』のそれぞれの項を参照した。
＊10　ロッシャーの前記の著作によるが、これはプレラーとローベルトの『ギリシア神

話』からの引用である。

＊11　アプレイウスのプシュケも、死との関係を暗示する多数の特徴を維持している。プシュケの結婚式は、まるで葬式であるかのように準備される。彼女は冥府に赴かねばならず、その後は死のような眠りに沈むのである（オットー・ランク）。

プシュケが「春の女神」という意味と、「死の花嫁」という意味をもっていることについては、A・ツィンツォフ『プシュケとエロス』（一八八一年、ハレ）を参照されたい。

別のグリム童話では（一七九番「泉のほとりのがちょう番の娘」）、灰かつぎと同じように、三女が醜い姿から美しい姿に変身する例がみられるが、それは三女が二重の姿（代替が行われる前の姿と行われた後の姿）をそなえていることの暗示とみることができるだろう。この三女は父親の試練をうけた後に家から追い出されるが、これは『リア王』の場合とまったく同じである。上の二人の姉妹の後で、父親をどんなに愛しているかを語らなければならないのだが、三女は自分の愛情を塩に譬えることしかできないのである（ハンス・ザックス博士のご親切な教示による）[14]。

訳注

（1）『ゲスタ・ロマノールム』は一四世紀頃に書かれたとみられるラテン語の逸話、物語集。邦訳は伊藤正義訳、篠崎書林。

（2）『カレヴィポエク』はエストニアに伝わる民族叙事詩を、フリードリヒ・ラインホルト・クロイツヴァルトが一八五七年から六一年にかけて出版したもの。

（3）ヘーラーはパリスが自分を最高の美女と判定するならば、「全世界の支配者になり、他の追随を許さぬほどの富貴」を与えると約束する。アテーネーは「すべての技術を知る者」にすると約束する。アフロディーテは人間の女性のうちでもっとも美しいヘレネーを与えると約束する。かくしてパリスはアフロディーテを選び、トロイ戦争が起こるのである（ヒュギーヌス『ギリシャ神話集』松田治、青山照男訳、講談社学術文庫、一四〇ページ）。

（4）プシュケの夫はアモルであり、アフロディーテはその母親であるから、アフロディーテは姑になる。蟻は「姑の残酷な仕打ちに憤りを感じて」（アプレイウス『アモルとプシュケ』谷口勇訳、而立書房、七〇ページ）、プシュケを助けるのである。

（5）シェイクスピア『リア王』第一幕第一場。邦訳は斎藤勇訳『シェイクスピア全集 7』筑摩書房、一六七ページ。邦訳は「孝行はするが、黙っていよう」である。

（6）シェイクスピア『ヴェニスの商人』第三幕第二場。邦訳は菅泰男訳『シェイクスピア全集 1』筑摩書房、二九二ページ。なお邦訳は「蒼白さ」ではなく「飾り気のなさ」である。

（7）この妹はある王に見初められて后になる。しばらくは二人は幸福に暮らしていたが、后が一言も語らないのをみて、王の母が「ないしょでどんなだいそれた悪事をやっているか知れたものではない」と讒言《ざんげん》する（金田鬼一訳『完訳グリム童話集 1』岩波文庫、一一四ページ）。王は仕方なく后に死刑を宣言するのである。

（8）「六羽の白鳥」（金田鬼一訳『完訳グリム童話集 2』岩波文庫、一〇三ページ）。

（9）ゼウスはヘーラーをめとった後に、「天空の娘テミスより娘の季節の女神すなわち平和、秩序、正義を生み、またクロートー、ラケシス、アトロポスの運命の女神《モイライ》たちを得た」（アポロドーロス『ギリシア神話』高津春繁訳、岩波文庫、三二ページ）。

（10）「ゼウスとエウリュノメーから典雅美神《カリス》たちが生まれた」。「ゼウスとテミスから四季の女神が生まれた」（ヒュギーヌス『ギリシャ神話集』前掲書二八ページ）。

(11) 反動形成は、ある欲望が抑圧されたときに、その反対の心理的な態度が形成されることである。露出症的な欲望が抑圧されると、きわめて羞恥心の強い性格が形成され、自分の心のうちの罪深い欲望が抑圧されると、過度に正義心の強い性格が形成されることがあるが、これが反動形成である。

(12) 古代ギリシアで祭られたヘカテーの像は「三姿《みつすがた》」の相をとっており、「この三態が、天にあっては月の女神《セレーネー》、地にあってはアルテミス、幽冥界ではヘカテーとして示現する」（呉茂一『ギリシア神話』新潮社、一〇九ページ）とも解釈された。

(13) ワルキューレは北欧神話で描かれる乙女たちであり、主神オーディンに仕えて、戦場で倒れた戦士たちを宮殿ヴァルハラに運ぶ。

(14) 三女は、父親への愛を「どんなによいごちそうでも、塩がなくてはおいしくありません」と、塩に譬えたために、「塩をひとふくろ」与えられて、森の中に捨てられる。娘は夜、泉で「うす皮」を脱いで水浴びをするときだけ、真の美しい姿を現すのである。邦訳は野村泫訳『完訳グリム童話集 7』筑摩書房。

精神分析の作業で確認された二、三の性格類型（一九一六年）

精神分析と性格

医者が精神分析によって神経症の患者を治療するときに、まず患者の性格に注目するようなことはない。医者はそれよりもまず、患者の症状は何を意味しているのか、その症状の背後にどのような欲動の動きが隠されているのか、症状によってどのような欲動の動きが充足されているのか、そして隠された道のどのような中継点を通過して、欲動の願望が症状として表現されているのか、を知りたいと思うものである。

しかし医者は、自分が利用しなければならない［精神分析の］技術のために、こうした知識欲をもっと別の対象に向けなければならなくなる。患者は医者にさまざまな抵抗を示すのであり、それによって医者は自分の探求が脅かされていることに気づき、この抵抗を患者の性格からくるものと考えるようになる。こうなってから、患者の性格が医者の関心を引くのである。

ただし医者の探求の試みに抵抗するのが、患者がみずから認めている性格特性や、周囲の人々が患者に認めている性格特性ではないこともある。それほど強烈なものとみえなかった患者の特性が、予想もできなかったほどに強くなることがあり、通常の生活からは推測することもできないような態度が現れてくることもある。そのような意外な性格特性について、これからそのありかたと由来についていくつか述べてみたい。

一　「例外者」の性格

快感原則から現実原則へ

精神分析の重要な仕事の一つは、患者が手近で直接的な方法で快感を獲得するのをやめさせることである。すべての快感の獲得をやめさせようというのではない。そんなことを要求しても、できる人はいないだろう。宗教ですら、現世での快感の獲得を諦めさせる代わりに、来世で素晴らしい快感を、比較できないほどに強く満たすことができると約束するのである。医者が患者に放棄することを求めるのは、かならずその後で害が発生するような快感の充足だけである。しかもごく短期間だけ、直接的な快感の獲得だけをがまんすることで、その代わりにより良い快感を、確実に獲得できると教えるのである（ただし快感を獲得できる時期は少し先に延びることになる）。言い換えると、患者は医者の指導のもとで、快感原則から現実原則へと進歩するのである。大人と子供の違いは、この進歩を実現しているかどうかにある。

　この教育的な作業においては、医者のすぐれた洞察が決定的な役割をはたすことはほとんどない。ふつうは患者が自分の分別を使って、みずから言い聞かせることができるはずのことしか、医者には言うべきことがない。しかし何かを自分で知るということと、それを他人から言われるということは違うものである。医者はこの効果的な言葉を語る他人の役割をはたすのである。他人から及ぼされる影響を利用するわけだ。というのは、精神分析では、派生的なことや和らげられたことを語るのではなく、根源的なこと、そして深いところに根差したことを語るのが通例であることを忘れてはならないからである。この教育的な作業において医者は、愛情の特定の要素を利用するのだと言っておきたい。人間の最初の「親の愛情のこもった」教育が可能にしたプロセスを、医者はこの再教育において反復するだけなのである。愛情は、生きるために必要な事柄であるとともに、偉大な教育者でもある。未完成な人間は、近親者の愛情に促されてこそ、生きるために必要な事柄に配慮するようになり、それを無視すれば生じるであろう罰をうけないようになるのである。

例外の要求の源泉

このように医者は患者にたいして、特定の快感を充足させるのを、しばらくのあいだは諦めるように促す。［快感の充足を］犠牲にすること、より善き結果を期待してしばらくは辛い忍耐を進んでひきうける用意をすること、あるいは少なくともすべての人々がひきうけねばならない必然性をひきうける決意を求めるのである。

ところが一部の人々は、特別な動機からこうした要請に同意しようとしない。こうした人々は、自分はもう十分に苦しんできたし、不自由な思いをしてきたのだ、これ以上の要求は免除される権利があるはずだと主張する。もはや不愉快な必然性などにしたがうつもりはない、と。こうした人々は自分は例外であり、例外でありつづけるつもりなのである。

このような患者たちのうちでは、自分にはその［例外を要求する］権利があるという思いが確信にまで強まっている。そして自分は特別な摂理によって守られていて、こんなつらい犠牲を払わないでもすむようにされていると考えている。その内なる確信がこれほど強くなると、医者がどう説明したところで無駄である。医者の影響力も当面は無効であり、医者はこのような有害な偏見がどのような源泉から生まれてきたかを探らなければならなくなる。

人間が誰でも、自分はそのような「例外」だと思い込みたがること、そして他人と違う特権を認められたがるものであることには疑問の余地がない。しかし人が実際に自分を例外であると広言し、例外として振る舞うとすると、それには特別な理由が、どこにでもみつかるわけではない理由が必要だろう。こうした理由は一つとはかぎらないかもしれない。

わたしが治療した症例では、患者たちの幼年期の生活史のうちに、一つの共通する特徴が存在することを証明できた。彼らの神経症は、幼年期の早期にあじわった体験や苦悩と結びついていたのである。患者たちは、自分には、こうした体験や苦悩の責任はないと考えている。そしてそれが不公正な形で、自分の人格に不利をもたらしたと感じている。そして患者はこのように不公正に不利益をこうむったのだから、自分には特権が与えられてしかるべきだと考えるのであり、この特権を盾にして、服従を拒むのである。これが葛藤を強め、神経症の発作を引き起こす上で、大きな役割をはたしている。

ある女性の神経症の患者は、苦痛をもたらす自分の身体的な疾患が遺伝的な原因によるものであることを知ったときに、初めて人生にたいしてこのような考え方をするようになった（この疾患によって彼女は、人生の目的の実現を妨げられていたのである）。その苦しみが後天的な偶然の原因によるものだと考えているあいだは、患者はそれに忍耐強く耐えていた。しかしそれが遺伝的な原因によるものだということを知ると、彼女は急に反抗的になったのである。

またある青年は、自分が特別な摂理に守られていると信じていたが、幼年期に乳母から偶然に感染症をうつされたのだった。そしてその後のすべての生涯を、障害年金で生きようというかのように、その損害の賠償を請求することに費やしてしまった。そして自分にどうしてそれを請求する権利があるかは、考えてもみなかったのである。この分析結果は、暗い記憶の残滓と症状の解釈に基づいたものであったが、実際に家族の証言によって客観的に証明されたのだった。

リチャード三世

すぐにご理解いただけるはずの理由から、これ以上は患者の病歴をお話しするのは控えておきたい。幼年期の長い期間を病弱なままで過ごした人の性格形成と、つらく苦しい過去をもつ民族全体のふるまいのあいだには、強い類似関係が存在することについても、ただ触れるだけにしよう。むしろ偉大な詩人が作りあげた人物像に触れることにしたい。この人物の性格では、例外者としての権利の要求と、遺伝的な不利益の要因が、きわめて内的に結びついている。そのために彼は遺伝的な不利益を理由にして、例外者としての権利を要求するようになったのである。

シェイクスピアの『リチャード三世』の冒頭のモノローグで、後に王となるグロースターは、こう呟いている。

だがこのおれは、このようなやさごとには生れつき向いていないし、
自惚《うぬぼれ》鏡に向って骨を折るようにできていない。
おれは下手くそな刻印を押された出来損いの貨幣だから、

流し目ですまして歩く女の前に出かけてゆくほどの心臓がない。
そんな均整というものを切り取られているこのおれは、
あの「自然」の女神に、ついだまされて、
かたわで、未完成で、月たらずのままで、
ほとんど半分もでき上らぬうちにこの世に送り出されたのだ。
こんなに不恰好で、およそ浮世離れの姿をしているので、
おれが跛《ちんば》をひいてそばを通ると、犬のやつめはおれに吠えかかる。
……［中略］
こんな巧言令色の軟弱な時代を、楽しく暮らすような色男には、
おれは絶対になれっこはないのだから、
おれは決心した。いっそのこと、悪党になってやる、
そしてこのごろのあのつまらぬ楽しみを呪ってやる。(1)

一読しただけでは、この台詞《せりふ》がわたしたちのテーマとどう関係があるのか、分かりにくいかもしれない。リチャードが言おうとしているのは、たんに次のようなことだ

と思えるかもしれない。「この軟弱な時代にはうんざりした。少し楽しんでやろう。陰謀を企て、殺人を犯し、そのほか、好きなことをやってやろう」。

しかしこのような浅薄な動機づけでは、その背後に真面目なものを隠していないかぎり、観客のうちには共感のかけらも生みだすことはできないだろう。そして観客に共感を生みだすことができなければ、この作品は心理学的には不可能なものになってしまう。もしも観客に内的な反感を感じさせずに、主人公の大胆さと巧みさに賛嘆の念を抱かせようとするならば、作者は観客の心のうちに、主人公にたいする同情の気持ちを作りだす秘密の仕掛けを作っておく方法を心得ておかなければならない。そしてこの同情の気持ちは、もしかしたら自分も主人公と同じ気持ちをもっているのではないかという感情と理解を土台とするしかないのである。

だからリチャードの独白は、すべてを語っているわけではない。彼はたんにほのめかしているだけであって、ほのめかされたものを解釈して仕上げるのは、観客にまかされている。そして実際に、ほのめかされたものを解釈してみると、浅薄な動機という外見は姿を消して、リチャードが自分の醜さを描きだしているときの苦々しさと詳細さが正当なものとしてあらわになってくる。そしてわたしたちとの共通性がはっきりとしてきて、この悪人に同情せざるをえなくなるのである。

彼がほのめかしているのは次のようなことだ。「自然はおれに、人から愛されるような好ましい姿を与えてくれなかったが、これはひどく不公正なことだ。人生はおれに損害賠償をする義務がある。おれは賠償を取り立てる。おれは自分が〈例外者〉であることを要求する権利がある。ふつうのやつらが遠慮するようなことでも、実行する権利があるのだ。おれは不正をすることができる。おれに不正が行われたからだ」。するとわたしたちは、自分もリチャードの立場に立たされれば、そう考えるかもしれない、ある程度は自分もリチャードと違いはないのだと感じるのだ。リチャードは、わたしたちが自分のうちに感じる一面を、法外なまでに拡大した姿にほかならない。

自己愛と例外者

わたしたちは、遺伝的にも幼児期においても不利益をこうむっているのだから、自然と運命を恨むあらゆる権利をもっていると考えがちである。わたしたちは誰でも、自己愛がごく早い時期に傷つけられたことにたいして、自分のナルシシズムがあらゆる損害賠償を求める権利をもっているのである。自然はなぜわたしたちに、バルデルのような金髪の巻き毛を、ジークフリートのような強さを、[2]天才の高き額を、貴族のような気高い容貌を与えてくれなかったのか。なぜわたしたちが王宮のうちに［王子として］生まれるのではなく、街の小さな小屋で生まれるようにしたのか。そのような［王子の］生まれだったならば、わたしたちがいま羨んでいるすべての人と同じように、美しく、高貴な人間になっていただろうに。

しかし主人公にその動機のすべての秘密を声高に、そしてのべつ語らせないようにしているのは、シェイクスピアの優れた節約の技法なのである。それによって作者は読者がその動機をみずから補足し、精神的な活動を営ませつつ、それを［作品への］批判的な思考から遠ざけて、主人公との同一化を行わせ、しっかりと［作品のもとに］つなぎとめておくのである。これが下手な作家だったら、伝えたいと思うすべてのことを、意識の表面において表現してしまうだろう。すると読者のうちの知性が冷静に、そして自由に働いて、幻想を深めることなどできなくなってしまうだろう。

女性と例外者

ところでこの「例外者」の考察を終えるにあたって、女性が特権を要求し、人生のきわめて多数の必要から免除される権利があると主張することは、同じ根拠に立っていることを指摘しておきたい。精神分析の仕事から明らかになっているように、女性たちは幼年期に傷つけられて、自分には罪もないのに、身体のある部分［ペニス］を切り落とされ、冷遇されていると感じているのである。多くの娘たちは母親を恨んでいるが、それは母が自分を男性ではなく、女性として生んだということにたいする非難が究極の原因となっているのである。

二　成功の絶頂で破滅する人物

願望の実現と神経症

精神分析の研究によって次のテーゼが確立された。人間が神経症になるのは、欲求不満のためである。この欲求不満とは、リビドー的な願望が充足されないことを意味しているが、このテーゼを理解してもらうためには、長い回り道が必要であろう。というのは、人が神経症になるためには、その人のリビドー的な願望と、その人の本質の一部、わたしたちが自我と名づけている部分のあいだに葛藤が存在している必要があるためである。この自我とはその人の自己保存欲動の表現であり、その人の本性としての理想を含む部分なのである。

ところでこうした病的な葛藤が生まれるのは、リビドーが進もうとしている道と目標が、すでに自我によって克服され、追放され、将来のすべての期間にわたって禁止されている道であり目標である場合である。それでもリビドーがこうした道や目標に進むのは、自我が容認するような理想的な形では自己の欲求を満足させることができないからである。このように、現実の［欲求の］満足が拒まれているという欲求不満が、神経症の発病のための第一の条件である（ただし唯一の条件ではなく、やがて他の条件も登場する）。

それだけに、深いところに根差していて、長いあいだ熱心に追求してきた願望が満たされようとするまさにその瞬間に、神経症を発病させる人々がいることを知るのは、医者としてはまったく驚くべき経験であり、混乱させられることでもある。こうした人は、あたかも自分の幸福に耐えられないかのようなのである。そしてその人が成功したことと発病したことのあいだに因果関係があることは、疑う余地がない。わたしはかつてある女性の運命において、こうした悲劇的な激変の典型をみたことがある。

二つの実例

この女性は生まれも良く、高い教育をうけていたが、ごく若い娘時代に生の欲望を抑えることができず、実家から抜けだして、世間のさまざまなところを冒険してみてから、ある芸術家と知り合いになった。この芸術家は、彼女に女性としての魅力を感じ、［放埒な娘として］世間的には評価の低いこの女性のうちに、優れた素質が秘められていることに気づいたのだった。彼はこの女性を家に入れ、忠実なる生涯の伴侶として迎えたのであった。彼女が真の意味で幸福と言えるために欠けていたのは、正妻として認められていなかったことだけだった。

何年間か同棲するうちに、彼は自分の家族がこの女性と親しむように努力し、正妻として迎えられるように手配した。しかし願いがかなうその瞬間に、彼女は壊れ始めたのだった。彼女は家の女主人となることを望んでいたはずなのに、家事をまったくしなくなり、彼女を家族の一員として迎え入れようとしていた一族の人々から迫害されていると信じ込み、正気を失った嫉妬心から、夫をまったく拒絶し、夫が芸術活動に従事するのを妨げ、やがて治癒しようのない精神の病に陥ってしまったのである。

別の観察例をあげよう。大学教授で、きわめて尊敬すべき人物だったのだが、彼は長年のあいだ、自分を学問の世界に導いてくれた恩師の跡継ぎとしての地位をえたいという、きわめてまっとうな願いを抱いていた。そして実際に恩師が引退した後に、同僚の教授たちから、その恩師の「跡継ぎになるのはあなたしかいない」と伝えられると、急に気弱になったのだった。自分の業績はたいしたものではないと言い始め、提供された地位をひきうける資格がないと尻込みして、躁鬱病になってしまい、その後の数年間はまったく活動できなくなってしまったのである。

この二つの実例は、状況としては大きな違いがあるが、願望が充足される瞬間に発病して、その願望の実現を享受できなくなっていることだけは共通しているのである。

外的な欲求不満と内的な欲求不満

このような事例の経験と、最初に述べた「人間は欲求不満で神経症を発病する」というテーゼのあいだの矛盾は、解決できないものではない。外的な欲求不満と、内的な欲求不満を区別すれば、矛盾は解消するのである。現実において、リビドーが欲求を満足させることのできる対象が失われるのが、外的な欲求不満である。外的な欲求不満は、それに内的な欲求不満が重ならないかぎりは発病の原因とはならず、病的なものではない。内的な欲求不満は自我に由来するもので、リビドーが支配しようとしているほかの対象を、リビドーと争うために発生する。そのときに葛藤が発生し、神経症が発病する可能性が生まれる。すなわち、抑圧された無意識という迂回路をたどって、欲求が代償充足される可能性が生まれるのである。内的な欲求不満はすべての場合で問題になるが、現実の外的な欲求不満によって、内的な欲求不満が働けるような状況が準備されるまでは、いかなる効果も発揮しないのである。

人間が成功の頂点にあって発病するという例外的な事例では、内的な欲求不満がそれ自体で独立して働いたのであって、外的な欲求不満の代わりに願望の充足が訪れた後になって、初めて現れるのである。ここには一見したところ奇妙なところがあるように思えるが、よく考えてみれば、自我がある願望を無害なものとして容認していることは異例なことではない。ただしそれはその願望が空想にすぎず、実現することはありえないと思われている場合にかぎられるのであり、その願望の実現が近づき、それが現実になろうとすると、自我はそれに激しく抵抗するのである。

これが神経症の発病の周知の状況と異なるのは、普通の神経症では内的なリビドーの備給が強まって、それまでは取るに足らぬものとして容認されていた空想が、恐ろしい敵に変身するのである。これにたいして、成功の頂点で発病する神経症の場合には、葛藤が発生するためのシグナルが［リビドーの備給の内的な強まりではなく］現実の外的な変化によって出されるという違いがあるにすぎない。

良心の思いがけない力

精神分析の仕事がわたしたちにわかりやすく教えてくれたのは、現実が好都合な形で変化したときに、そこから長く待望してきた利益を享受することを禁じるのは、その人の良心の力だということである。この良心というものは、まったく思いもかけなかったところで働いて、わたしたちを驚かせる。良心にそなわっている裁いて罰する傾向がどのようなものであり、それがどこから生まれたかを探るのは、困難な課題である。

そこでわたしたちが良心について知っていること、あるいは推測していることについて考察する手がかりとして、偉大な作家たちが、人間精神についての豊かな知識のうちから作りだした人物像を検討してみることにしよう。読者にお分かりの理由から、医学的な観察の事例に基づいて考察するのは避けたいからである。

マクベス夫人

成功を目指して弛《たゆ》まぬエネルギーを費やして、やっと成功を実現したときに崩壊してしまう人物像として、シェイクスピアのマクベス夫人をあげることができる。それまで夫人は、野心的ではあるがどこか弱気なところのある夫を支配することだけに努力を尽くしていた。その頃は夫人は、心のうちに揺れや心的な葛藤があるという兆候はまったく示していなかった。［王を］殺害するという意図のためには、夫人は女性らしさまでも犠牲にしてしまう。そして犯罪によって自分の欲望の目的を実現し、さてそれを守り通すことが必要になったときに、この女性らしさがどのように決定的な役割をはたすのかということなど、考えてみようともしなかったのである。

さあ、人殺しの手伝いをする悪霊ども、わたしを女でなくしておくれ。……［中略］人殺しの悪霊ども、この女の乳房にたかって、甘い乳を苦い胆汁に変えておくれ！（第一幕第五場[3]）

わたしはね、赤ん坊に乳を飲ませたことがあります。自分の乳房をふくんでいる赤ん坊がどんなに可愛いかよく知っております。しかし、やろうと思えば、わたしの顔を見上げてニコニコ笑っている赤ん坊のやわらかい歯ぐきから、乳首を引ったくって、その脳味噌を叩き出してみせます、さっきのあなたのように、やろうと誓った以上は。（第一幕第七場[4]）

ただ一度だけ、犯行の前に彼女の心がわずかな抵抗の動きを示す。

寝顔が父親に似ていなかったら、わたしがやったものを。（第二幕第二場[5]）

そしてダンカン王を殺害して、王妃になったマクベス夫人の心を、幻滅のようなもの、嫌悪のようなものがかすめるのであるが、それがどこから生まれたのは、分からない。

目的は達しても、内容が伴わなけりゃ、なんにもならない、すっからかんになったのも同然だ。人を殺しておいて、頼りない喜びしか得られないのなら、いっそ自分が殺されたほうがましだわ。（第三幕第二場）(6)

しかし夫人はどうにかもちこたえる。この台詞の後につづく宴会の場面では正気を保っているのは夫人だけである。夫の錯乱をごまかし、客たちを去らせる口実をみつける。そしてわたしたちの前から姿を消す。しかし第五幕第一場でふたたび姿をみせるときは、夢遊病者のようになっていて、殺害の印象に固着してしまっている。夫人は夫に、前と同じように勇気をだせと言うのである。

なんです、あなた、なんですか！　軍人のくせに、こわいんですか？——誰が知ろうと、気にすることがありますか？　わたしたち国王を咎め立てする者はない

はず。（第五幕第一場[7]）

そこで門を叩く音が聞こえる。殺害の後に夫をびっくりさせた音である。しかし夫人は、「もはややってしまったことを、なかったことにする」よう努力する。血に塗《まみ》れて、血の匂いのする両手を洗うのだが、そんなことをしても無意味であることは分かっている。後悔など絶対にしないようにみえた彼女を、後悔がうちのめしたようにみえる。彼女が亡くなったときには、最初の頃の彼女のように冷酷な人間に変わっていたマクベスが、短い弔辞を語るだけである。

いつかは死ぬはずであった。こういう知らせを聞く時もあろうかと思っていた。
（第五幕第五場[8]）

ここで一つの疑問が湧く。きわめて硬い金属で作られていたようにみえるマクベス夫人のこの性格を壊したものは何なのだろうか。実行された行為が示す別の〈顔〉である幻滅だけだったのだろうか。それともマクベス夫人のうちには、もともと優しくて女らしい穏やかな心が潜んでいたのであり、それがしばらくは凝縮され、緊張によって高められていたのだったが、それは長持ちのしないものだったと推測すべきなのだろうか。あるいはこの崩壊をもっと深い動機づけによって、人間的に理解しやすいものとしてくれるような兆候を探すべきなのだろうか。

子供を生めないマクベス夫人

わたしはここでは、この疑問を解くことはできないと感じている。シェイクスピアの『マクベス』は、それまでスコットランド王だったジェイムズが即位したことをきっかけとして書かれた作品である。素材は知られていたし、他の作家もこの素材を利用した作品を書いている。いつものようにシェイクスピアは他の作家の作品を利用したらしい。彼はこの作品で当時の状況を鋭くあてこすっているのである。「処女王」エリザベス女王は、子供を生むことのできない〈不生女《うまずめ》〉であると噂されていたが、かつてジェイムズが誕生したという知らせを聞くと、悲痛な叫びをあげて「この不毛な幹が」と自分を罵《ののし》ったそうである。[*1] 女王は自分に子供がなかったので、スコットランドの王を自分の後継者として迎えざるをえなかったのである。そしてこのスコットランド王はメアリの息子であり、エリザベスはかつて、いやいやながらも、メアリの処刑を命じたのである。政治的な理由のために二人の関係は悪化していたものの、メアリはエリザベスの血縁者であり、かつては彼女の客と呼ぶことができた女性だったのである。

ジェイムズ一世が王位についたことは、不妊が呪われ、「子をなして」世代を継承することが祝福されることを証明する事態だった。そしてシェイクスピアの『マクベス』の筋の展開は、まさにこの対立を土台とする。運命を予言する魔女たちは、マクベスにはみずから王になると予言し、バンクォウには子孫が王冠をうけつぐだろうと予言する。マクベスはこの宿命的な予言の言葉に反逆しようとする。自分が王に即位するという野心の実現だけでは満足できずに、「子孫も王となる」王朝を創設したいと考える。みずから敢行した殺害で、「他人に王朝を築かせて」他人を利するようなことはしまいとするのだった。

シェイクスピアのこの劇に、野心から生まれる悲劇だけをみようとすると、この点を見逃すことになる。マクベスが永遠に生きつづけることができないのは明らかだから、彼にはただ一つしか抜け道はない。予言のうちで自分に不利なことを告げている部分の力を殺《そ》ぐためには、跡継ぎとなる自分の子供をもたねばならないのだ。マクベスはそのことを男勝りの妻に求めているようである。

男の子だけ生むがいい！　お前の大胆不敵な性格は男しか作れまい。（第一幕第七場）[9]

この期待が裏切られた場合には、マクベスは運命に屈するか、それとも自分の行動の目標と目的を失って、盲目的な凶暴な王になるか、そのいずれかの道しかないことも明らかである。この凶暴さには、自分の手のとどくすべてのものを破壊しようとする破滅の道があらかじめ宣告されているのである。周知のように、マクベスは第二の道を突き進む。そして「妻と子供たちを殺された」悲劇の絶頂で、わたしたちは心を揺り動かすようなマクダフの叫びを聞くことになる（マクベスの変貌の原因を理解するための鍵を秘めているかもしれないこの叫びは、これまでさまざまに解釈されてきた）。

あいつには子供がない。（第四幕第三場）[10]

これは明らかに、マクベスには子供がないから［子供へのいつくしみを知らず］、マクダフの子供を殺すようなことができたという意味にも解釈できるが、そこにはもっと深い意味がこもっているのかもしれない。そこには、マクベスが自分の性格からしてできないような［殺人という］犯罪を犯させたもっと深い動機が潜んでいるのかもしれないし、この叫びは非情なマクベス夫人の性格の唯一の弱点に触れているのかもしれないのである。

この劇の頂点をなすマクダフの叫びから、その周囲を見渡してみると、作品全体が父親と子供の関係によって貫かれていることが分かる。善良なダンカン王の殺害は、［マクベスにとっては］父親殺しに他ならない。バンクォウについては、マクベスは子供は殺さなかったが、父親であるバンクォウ本人を殺害している。マクダフについては、マクダフ本人はマクベスに殺されずに逃げることができたが、その代わりに子供たちが殺されている。

呪文で幻影を呼び出す場面では運命の魔女たちはマクベスに、血まみれの子供と、王冠をかぶった子供の姿をみせている［第四幕第一場］。それより前に現れた兜をかぶった頭はおそらくマクベス自身だろう。だがその幻影の裏には、復讐者マクダフの姿がぼんやりと浮かびあがる。マクダフは、母胎を切開して生まれた子供であり、生殖の法則からみて例外的な存在なのである。

マクベスは子供をもてず、マクベス夫人は〈不生女〉である。マクベスが子供をもてないのは、子供たちから父親を奪い、父親から子供たちを奪ったためであるとしたら、そしてマクベス夫人が〈不生女〉であるのは、「人殺しの手伝いをする悪霊ども」を呼びだして、「女でなくしておくれ」と頼んだために、自分の女性らしさを喪失したためであるとしたら、それは生殖の神聖さを犯した罪にたいする同罪同罰《タリオ》の法則に基づいた詩的な正義の実現だということになるだろう。

そしてマクベス夫人の［夢遊病の］発病と、夫人が邪悪な心を捨てて後悔するようになったことは、自分が〈不生女〉であることへの反応としてすぐに理解できよう。夫人は自分に子供が生まれないことから、自然の掟にたいしてはまったく無力であることを実感したのである。自分の犯罪は成功したとしても、みずからの責めのためにその成功の大部分は失われてしまったことを、同時に知らされたのである。

劇の構成の破綻

シェイクスピアは、『マクベス』の素材をホリンシェッドの『年代記』（一五七七年）から取ったのであるが、この『年代記』ではマクベス夫人にはごくわずかしか触れられていない。王妃になりたかったので、夫に殺人を唆《そそのか》した野心家として描かれているだけである。その後どのような運命をたどったのか、性格にどのような変化が生じたのかは、まったく語られていないのである。

これにたいしてマクベスの性格が、血なまぐさい暴君に変わったことについては、これまで検討してきたように語られている。ただし『年代記』では、マクベスがダンカン王を殺害して王に即位してから一〇年間は、厳格ではあるが、公正な王として支配していたのであり、その後に悪行を犯すようになったとされている。この一〇年という期間が過ぎた後に初めて、マクベスの心が懸念に苛《さいな》まれるようになる――魔女の予言はたしかに成就して自分は王になるという運命をたどったが、バンクォウに与えられた予言もまた成就するのではないかと心配になって、性格に変化が生じたのである。こうしてマクベスはバンクォウを殺害させ、シェイクスピアが描いているように、次々と罪を犯すようになる。

『年代記』では、マクベスがこのような道に進んだ原因が、自分に子供がなかったこととであるとは明確には語られていないが、このわかりやすい動機が働くまでには、長い時間がかかっている。しかしシェイクスピアでは状況はまったく異なる。シェイクスピアの悲劇では、息をつく暇《いとま》もないほどに、さまざまな事件が駆り立てられるように迅速にわたしたちの目の前で起こる。さまざまな人物が登場してから姿を消すまでの時間は、わずか一週間ほどしかないのである。*2

このように短い期間ですべてが終わってしまうために、マクベスとその夫人の性格の急変の動機を再構成しようにも、その土台が奪われてしまう。十分な時間の長さがあれば、夫人は自分が子供を生めないことに失望を重ね、やがて無気力になり、マクベスもあれほどまでに逆上するということもありうるだろうが、この悲劇ではそのための時間がない。この悲劇で描かれた事件はきわめて精密に組み立てられていて、子孫がいないという動機のうちでこれらの事件とその原因がしっくりとまとまるはずなのに、悲劇の時間的な節約のために、人々のもっとも深い動機から性格が発展してゆくことができなくなるという矛盾が存在するのである。

このような一週間という短期間のうちに、臆病な野心家だったマクベスがどのようにして、いかなる気後れも感じることのない暴君に変わってしまうのか、そして鋼鉄のように冷酷な扇動者である夫人が、後悔に苛まれる病人に変わってしまうのか、その動機をわたしは推測することができない。この悲劇には三つの闇のような謎が重なっているので、その動機を洞察することは諦めるべきだと思う。テクストの保存がよくないこと、シェイクスピアの意図が知れていないこと、そして伝説の濃縮された意味が不明なことである。これらの謎のために、闇はますます暗くなっている。

ただし、この悲劇が観客にきわめて大きな感動を与えているのだからという理由で、このような考察が無駄であるという異議を認めるつもりはない。作者は悲劇の上演中は、その技によって観客を圧倒するほどに感動させ、その思考を麻痺させることはできる。しかし劇が終わった後に、わたしたちがその感動の心理的なメカニズムを理解しようと試みることを、作者も妨げることはできないのである。

また、ありふれた本当らしさを犠牲にすることで、劇的な効果を高めることができるならば、出来事の自然な時間経過を勝手に短縮して描いたとしても、それは作者の自由であるという見解もあるだろうが、わたしはこの場合には該当しないと考える。これが許されるのは、犠牲にされるのが本当らしさだけにかぎられるときであって[*3]、原因と結果の関係が失われてしまう場合には、このような犠牲は許されないのである。作者が出来事が起こる期間をわずか数日間に短縮したと明記せずに、どの程度の期間が経過したのかをあいまいなままにしておいても、劇的な効果が損なわれることはほとんどなかったはずだからである。

性格の分割の仮説

マクベスの動機という問題を未解決に放置しておくのはどうにも残念なので、新しい解決策を模索する考察を補足しておくことにしよう。ルートヴィヒ・イェーケルスは最近、シェイクスピア研究の書物において、シェイクスピアの創作の技術の一つを発見したと主張しているが、この発見はマクベス問題を考察するために役立てることができるかもしれない。イェーケルスは、シェイクスピアは一つの性格を二人の人物に分けて割り当てることが多いので、これらの二人の人物の性格を統一してみないと、どちらの性格も不完全で理解しがたいと語っている。マクベスとその夫人の人物像もその一例として考えるならば、二人を独立した人物として考えて、それぞれの人物の性格が変わる動機を探してみても無駄なのは明らかであり、マクベスは夫人を補う人物として考えるべきだということになる。

ここではこの道にしたがって考察することは控えたいが、この考え方を強く裏づける論点を一つだけ指摘しておきたい。ダンカン王を殺害した夜にマクベスに突然のように宿る不安の萌芽が、マクベス自身ではなく、夫人のうちで育っていったことである。*4 殺人を犯す前に、短剣の幻覚を見たのはマクベスであるが、後に精神を病むのは夫人のほうである。王を殺した後で、「もう眠れないぞ、マクベスは眠りを殺した、だからマクベスはもう眠れない」という叫びが「邸じゅうにひびいている」(11) のを耳にしたのはマクベスだが、マクベスがその後に眠れなくなったとは書かれていない。眠ったままで立ち上がり、さまよいながら罪を告白してしまうのは、夫人のほうである。血に塗れた手を茫然と眺めて、「大ネプチューンの支配する大海の水を一滴残らず」使っても、この血は洗い落とせないと嘆くのはマクベスであり、夫人は「水が少しあれば証拠は消えます」(12) と慰めるが、あとになって一五分も両手を洗いながら、血の染みを落とすことができないのは夫人のほうである。「アラビアじゅうの香料を使っても、この小さな手の臭いを消すことはできまい」（第五幕第一場）(13)。だからマクベスが良心の不安に駆られて恐れていたことを経験するのは、夫人のほうなのである。犯行のあとで後悔するのは夫人であり、マクベスは強情になる。マクベスと夫人は二人で、犯罪にたいする反応のさまざまな可能性のすべてを描きだしてみせる。あたかも二人は、心的には一人の人物の個性が二つに分離したかのようであり、一つの原型の二つの模像であるかのようである。

このように、マクベス夫人の人物像は、夫人が成功した後に崩壊して病人となった理由を解明するために役立てることができない。そこで心理的な解釈という課題をきわめて厳密に追求することを好む別の偉大な劇作家の作品を考察してみれば、この問題について、より良い洞察がえられるのではないだろうか。

イプセン『ロスメルスホルム』粗筋

［イプセンの作品『ロスメルスホルム』では］助産婦の娘のレベッカ・ガムヴィークは、養父のヴェスト博士のもとで、無神論者として育てられた。そして宗教的な信仰を土台とする倫理観によって、人生の欲望に拘束を加えようとするすべての試みを軽蔑する女性となったのだった。博士が死亡した後に彼女は、ロスメル家にどうにか迎えいれられる。由緒のある一家で、その一族は笑いというものを知らず、厳しい義務を遂

行するために、人生の喜びを犠牲にしていたのだった。

ロスメル家の住人は、牧師のヨハネス・ロスメルと病気がちで子供のない妻ベアーテである。レベッカはこの高貴な男性の愛を獲得したいという「荒々しい、抑制されることのない欲望」に衝き動かされて、邪魔になる妻を片づけてしまおうと決意する。そのためには、「大胆で、生まれつき自由な」意志を、いかなる事情にも妨げられることのない意志を行使しようとする。彼女は、婚姻の目的は子孫を儲けることだと書かれている医学書を手にして、妻に向かう。そして哀れな妻は、自分には妻の資格があるのかと、疑い始める。ロスメルもレベッカと同じような読書傾向と思考傾向があることから、レベッカは妻に、ロスメルもまた古い信念を投げ捨てて、啓蒙的な思想を採用しようとしているのではないかと疑わせるのである。

このようにしてレベッカは、夫が道徳的に信頼できる人物であるかどうか、妻が以前のようには確信できないようにしておいてから、ロスメルとの人目を忍ぶ交わりのなりゆきが怖いので、近く家を出るつもりであることを、妻についに信じさせた。この犯罪的な計画は成功した。哀れな妻は、もともと鬱々として心神耗弱の気味があると、周囲の人々からみられていたのだが、自分は無価値であり、愛する夫の幸福の妨げになるだけだと感じて、水車場の橋から滝に入水自殺してしまうのである。

レベッカの「変心」

その後は何年ものあいだ、レベッカとロスメルは二人きりで、ロスメル家にひっそりと暮らしていた。ロスメルはレベッカとの関係を、純粋に精神的で観念的な友情関係にとどめておくつもりだった。しかしやがて外部から、この友情関係に影を落とすような陰口が聞こえてくるようになる。ロスメルの心のうちにも、いったいどんな理由で妻は入水自殺を遂げたのかという苦しい疑念が芽生えてくる。それでも彼は悲しい過去の代わりに、新しい生き生きとした現実を築くために、結婚してくれとレベッカに頼むのである(第二幕)。

この求婚の言葉を聞いたレベッカは一瞬だけ歓喜に貫かれるが、次の瞬間にはそれはできませんと説明する。ロスメルがさらに迫ると、レベッカは「ベアーテが歩んだ道を、わたしも歩みますからね」と断るのである。ロスメルは理解できないものの、この拒絶をうけいれる。レベッカのしたことと望んでいたことを知っているわたしたち読者には、この拒絶はロスメル以上に理解できない。しかしレベッカが本気で拒んでいることは、疑いようのないことだろう。

大胆で、自由な意志をもち、自分の願望を実現するための道を、いかなる遠慮もなしに邁進《まいしん》してきたこの冒険家の女性が、その成功の果実を提供された瞬間になって、この実を摘まないというのは、どういうことなのだろうか。第四幕でレベッカはその理由を読者に説明してくれる。「恐ろしいことだわ、望める限りの人生の幸福が、いま、あたしに与えられようとしているのに、——そういうときに、あたしの過去が道を塞いでいるのがあたしにわかるなんて」[14]。つまりレベッカは今では別の人間になったのである。彼女のうちで良心が、罪の意識が目覚めたために、幸福を享受できなくなったのである。

良心の覚醒の「理由」

それでは何が彼女の良心を覚醒させたのだろうか。まず本人の言葉を聞いてみよう。そしてそれをすべて信じてよいかどうか熟考してみよう。「それはね、ロスメル家の人生観、——とはいかなくても、とにかく、あなたの人生観よ、——それがね、あたしの意志に感染したの。……そして、それを蝕《むしば》んだのよ。それを奴隷にしたのよ、それまであたしが気にしたこともなかった掟の。あなたが、――あなたと一緒に暮らしたことが、――あたしの心を気高くして[15]」。

この影響は、レベッカがロスメルと二人きりで暮らせるようになったときに、初めて現れてきたものであることに留意すべきだろう。「〔でもあたし、ここであなたと暮らすようになってから、〕――静かに、――ひっそりと、――あなたが思っていることを、何でもあけすけ話して下さるものだから、――やさしくって、デリケートなお気持ちも、あなたが感じたそのままに、みんなね、――それであたしに、大きな変化が起きたのよ。〔少しずつ、――ね。ほとんど気づかないくらい、――でも、しまいには、圧倒的な力でね。あたしの心を根底から揺るがすような[16]」。

その少し前ではレベッカは、この変化の別の側面について、嘆きの言葉を語っている。「ロスメル家が、あたしの力を抜き去ってしまったからよ。恐れを知らぬ昔の意志が、ここで萎《な》えてしまったのよ。そして、駄目になったからよ！　どんなことにも尻込みはしなかったのに、それももう過去の夢になってしまった。行動力がなくなったのよ、ヨハネス[17]」。

レベッカがこうした告白を語っているのは、彼女がロスメルと校長のクロル「レベッカが殺したベアーテの兄」の前で自発的に告白して、犯罪者としての姿をあらわにした後のことである。イプセンはわずかな数行の傑出した描写で、レベッカが嘘をついているわけではないが、まったくの本心から語っているわけでもないことを明らかにしている。レベッカは「年齢などについての」いかなる偏見からも自由であるはずなのに、自分の年齢を一歳だけ若く偽っていた。それと同じようにこの二人の男性の前でのレベッカの告白は完全なものではなく、クロルに問い詰められて、いくつかの重要な点をあとで認めている。だからわたしたちにも、レベッカが結婚を諦めた理由について告白したことは、あることを隠すために一つのことだけを告白したのではないかと推測する自由があるわけである。

変心の真の理由

ロスメル家の雰囲気と、高貴な性格のロスメルとの交際が、レベッカの心を高貴なものとすると同時に、萎えさせたという告白を疑うべき理由はまったくない。彼女は自分がみずから感じ、知っていることを語っているのである。しかし彼女のうちで起きたことが、これですべてだと考える必要はない。また彼女がすべてのことに釈明できたと考える必要もない。ロスメルの影響は、隠蔽するマントのような役割をはたしたにすぎず、その背後には別の心の動きが隠れているのである。そして注目すべき特徴をそなえているのは、この別の心の動きなのである。

レベッカが告白した後に、この劇の最後に近い会話において、ロスメルはレベッカにもう一度、結婚してほしいと頼む。レベッカがロスメルへの愛ゆえに犯した罪も赦そうというのである。ほんらいならここでレベッカは、いかなる赦しも、陰謀のような策略で哀れなベアーテを陥れたために生まれた罪悪感を、自分の胸から消すことはできないと答えるべきだったろうが、彼女はもっと別の非難を自分に投げ掛けて、みずからを苛むのである。この非難は、自由思想家の彼女にはふさわしくないという印象を読者に与えるし、レベッカのためにロスメルが置かれている立場にもふさわしいものではない。「いやよ、――その話は、二度ともうおっしゃらないで！　それはできない相談よ――！　だって、あなたもおわかりになるはずだけど、ヨハネス、あたしにはある――過去があるのよ」[18]。もちろん彼女は、過去において別の男と性的な関係をもったことを暗示しているのである。しかし彼女が自由であり、誰にたいしても責任を負っていなかった時代にもったこの性的な関係が、現実にロスメルの妻に犯した犯罪よりも、ロスメルとの結婚を妨げる重要な妨げと感じられているのは、とても興味深いことである。

ロスメルは、レベッカの過去については一言も聞きたくないと拒む。読者はどんな過去だったか、推測することができる。しかしその過去の出来事を暗示するものは、この劇のいわば〈地下〉にとどまっているのであり、暗示されたことから推測するしかない。しかし作者が巧みに埋め込んだ暗示については、誤解の余地はまったく存在しない。

レベッカの最初の拒絶と、この「ベアーテを自殺に仕向けたという罪の」告白のあいだで何かが起きたのであり、それは彼女の運命にたいして、決定的な意味をもつものだったのである。校長のクロルがレベッカを訪れたのは、彼女に屈辱を与えるためだった。彼はレベッカが私生児であること、実は養父とされていたヴェスト博士が生ませた子供であり、レベッカの母親が死去した後に、博士はレベッカを養女としたことを知っていると告げたのだった。

憎悪のためにクロルの勘が鋭くなっていたのだが、彼はレベッカが知らないことを告げたつもりはなかったのである。「よくご存じと思いましたがね。そうでなければ、妙なことになりますからな、あんたがドクトル・ヴェストの養女になられたことが[19]」。「それでドクトルが、あんたを手許に引き取った。――お母さんが亡くなられるとすぐにね。ドクトルは、あんたにひどく冷たかった。それでもあんたは、ドクトルと一緒にいた。鐚《びた》一文、残してくれる気遣いのないことを知っててね。もらったのは本箱一つだ。それでもあんたは、ずっといた、一緒にね。我慢していた。ドクトルが死ぬまで世話をしたんだからね[20]」。「あんたがああまでドクトルに尽されたのは、娘としての本能がそうさせたんだ、とわたしは解釈するんだがね。実際また、あんたのおやりになることは、みんなあんたの育ちから出とる、とわたしはにらんどるんだ[21]」。

しかしクロルは間違っていた。レベッカは自分がヴェスト博士の実の娘であろうなどとは、まったく知らなかったのである。クロルがレベッカの過去について怪しげなあてこすりを言い始めたときに、レベッカはクロルがもっと別のことを言おうとしているのだと考えていたはずだ。やがてクロルが言おうとしていることを理解しても、しばらくは平静を保つことができた。相手がその根拠としているのが、クロルが前に訪問したときに告げた年齢であると考えていたが、その年齢は嘘だったからである。しかしクロルはレベッカの反論をすぐに退けることができる。クロルが「それならそうでいいですがね。でも、わたしの計算じゃ、やはり、そういかんようですね。と言うのも、ドクトル・ヴェストが、ほんのしばらく、フィンマルクに「やって来て滞在して」いたんでね。赴任してくる前の年に」と告げると、彼女はこの新しい事実を前にして、まったく平静を失ってしまう。「嘘ですわ！」と抗議し、手を握りしめ、歩き回る。「そんなことあるもんですか。いい加減なことを言っておだましになるんだわ。絶対に嘘よ、それは。嘘に決まってるわ、絶対に――！」[22]。彼女の興奮があまりに強いために、クロルはつづけてレベッカに自分の言いたいことを聞かせることができない。

クロル　（立ち上がって）でも、ヴェストさん、――何だってまたそんなふうに取るんです？　びっくりするじゃありませんか！　どう考えていいんですか――！

レベッカ　どうもこうもありませんわ。何もお考えになることはないんですの。

クロル　じゃ一つ、おっしゃってもらうんですな、どうしてこの問題、――この可能性を、そう気になさるのかね。

レベッカ　（気を取り直し）そりゃごく簡単なことですのよ、校長先生。あたし、私生児と見られたくはないんですの。[23]

レベッカのこの態度の謎には、ただ一つの解答しかない。ヴェスト博士が実の父親であるという知らせが、彼女にこの上もない衝撃を与えたとすれば、それはレベッカが養女であるだけでなく、ヴェスト博士の愛人でもあったからである。クロルが話し始めたときは、レベッカは彼が養父との性関係をほのめかすつもりだろうと考えていた。このこと〔実の父親でない人物との性関係〕は、自由恋愛の思想によって、告白できないことではなかっただろう。しかし校長クロルが話そうとしていたのは、まったく別のことだった。クロルは、ヴェスト博士とレベッカの性関係についてはまったく知らなかった。そしてレベッカは、博士が実の父親であることを、まったく知らなかったのである。

レベッカはロスメルの最後の求婚にたいして、「自分には過去があるので、あなたの妻になる価値はありません」と拒絶するが、そのときに彼女が考えていたのは、この実の父親との恋愛関係でしかありえない。ロスメルが聞きたいと言ったなら、彼女は秘密の半分だけをうちあけて、言いにくい重大なことについては黙していたはずである。

近親相姦の罪

しかし今やわたしたち読者はもちろん、この過去が彼女にとっては［妻を自殺に追いやったという］重大な――犯罪以上に、結婚の重大な障害となると思われたことを理解できるのである。

自分が実の父親の愛人であったことを知ったレベッカに、圧倒するような罪責感が湧き起こってきたのである。そして彼女はロスメルとクロルの前で、犯行を自白し、みずからに犯罪者という刻印を押し、犯罪によってみずから切り開いた幸福への道をついに断念し、旅立つための準備を始める。しかしレベッカに幸福を諦めさせた罪の意識のほんらいの動機は、まだ隠されている。すでに確認したようにこの動機は、［彼女が語る］ロスメル家の家庭の雰囲気や、ロスメルの道徳的な影響などとは、まったく異なるものである。

ここまで読んでくださった読者は、異議を申したてられるかもしれない。そしてこの異議によって、多くの疑問が解明できるのである。［その異議というのは］わたしたちがイプセンを正確に理解したとすれば、レベッカの最初の求婚の拒絶は、クロルが二回目の訪問でレベッカの不名誉な生まれの真実を暴く前であり、まだレベッカが自分が近親相姦という罪を犯したことを知る前である［から、この近親相姦による罪責感は生まれておらず、これが働いて、求婚を断るはずがないというものである］。彼女の最初の拒絶は力強いもので、真剣に拒んだのである。自殺に追いやるという行為によってえられた利益を享受することを断念せよと命じる罪責感は、［近親相姦という］重大な罪を自覚する前から生まれているのである。だからこれらのことを承認するならば、近親相姦が彼女の罪の意識の源泉となっていることは、そもそも否定しなければならないだろう。

これまでわたしたちはレベッカ・ヴェストを、作家イプセンの批判的な知性に導かれた空想の産物としてではなく、まるで生きた人間であるかのように扱ってきた。わたしたちはこの異議に答える際にも、同じ姿勢を崩さないように試みてもかまわないだろう。この異議はもっともであり、レベッカが自分の犯した近親相姦の罪について自覚する前から、ある程度の良心は目覚めていたのである。レベッカの気持ちの変化の原因が、彼女がみずから承認し、告げている［ロスメルの道徳的な］影響にあると考えるのを妨げるものはない。

しかしだからといって、第二の［近親相姦の］動機を承認しないでいるわけにもゆかない。校長のクロルから［博士が実の父親であることを］告げられたときのレベッカのふるまいと、その直後に行われる［犯行の］告白という彼女の反応から考えるかぎり、レベッカのうちで［近親相姦の事実を聞いた後に］初めて結婚を諦めるという第二の動機が、さらに強力で、決定的な形で働き始めたことに疑いはない。これは動機が重層的に働きかけた事例なのであり、表面的な動機の背後で、さらに強い動機が働き始めたのである。この事例は、詩的な内的構造《エコノミー》にしたがって構成されているのである。深いところに潜む動機は、大声で口にだして語るべきものではなく、覆われたままでなければならないのであって、劇場の観客や読者がやすやすと理解できないようにしておかねばならない。それでなければ観客や読者が苦痛を感じて強い抵抗がうまれてしまい、それによって演劇の効果が疑問とされることもありえたからである。

しかしわたしたちには、表に現れてきた動機が、それによって隠されたままの動機と内的な関連のあるものであること、そして隠された動機から派生して生まれたもの、隠された動機の和らげられたものであることを求める権利があるだろう。そしてこの意識化された文学的な構成が、作者によって無意識的な前提から矛盾のない形で取りだされていると想定することができるならば、作者はわたしたちのその要求を満たしていると証明することができるだろう。

罪の意識の源泉

レベッカの罪の意識は、みずからの近親相姦を咎める意識を源泉として生まれているのであり、校長クロルが彼女にこのことを精神分析的な鋭さをもって意識させる前に、すでにこの源泉から生まれていたのである。わたしたちは、作者が暗示しているレベッカの過去を詳細に再構成し、補足してみれば、彼女が自分の母親とヴェスト博士の親密な関係に、まったく気づいていなかったことはありえないことを指摘できる。彼女は母親の〈後釜〉に収まって博士とともに暮らすようになったときには、強烈な印象をうけたに違いない。すなわち［娘として母親のライヴァルとなって父親の愛を争う］エディプス・コンプレックスの支配下にあったのである。もっとも彼女は、［父親の愛情を母親から奪いたいというエディプス・コンプレックスの］一般的な空想が、［実の父親と近親相姦を犯すという］現実になっていたことは、自覚していなかったのである。

そしてレベッカがロスメル家に迎えられたときには、最初の［ヴェスト博士との暮らしにおける〕生活経験が内的な力を働かせて、最初の〔博士の養女としての〕場合には、彼女の側からのいかなる作為もなしに実現された〔エディプス・コンプレックスの支配する〕状況とまったく同じ〔妻を追い出してその地位を占めるという〕状況を、みずから強く働きかけることによって実現したのである。つまり妻であり、母親である女性〔ベアーテ〕を片づけ、夫であり父親である男性〔ロスメル〕のもとで、妻であり、母親である女性の地位を占めようとしたのである。レベッカが、自分の意志に反しながらも、ベアーテを片づけるための策略を、一歩ずつ進めざるをえなかったことを、〔イプセンは〕圧倒的な迫力で描いている。

「じゃ、あなた方は、あたしが冷静に、ゆうゆうと事を運んだように思ってらっしゃるんですの！　あのころのあたしは、いまここで、こうしてお話ししているようなあたしじゃなかったのよ。それにまた、人間には二種類の意志があるんじゃないんですか！　あたし、ベアーテさんを除きたいと思ったわ。何としてでも。でも、そんなことが起こるなんて、つゆさら、思ったことはないんですのよ。誘惑にかられて、つい、ふらふらと前のほうへ出るたびに、何者かが心の中でこう叫んでいるような気がしたわ、──もう、よせ！　もう一歩も出るんじゃない！──それでも、よしはしなかった。ついつい引かれて、ほんの少し。それこそ、ほんのちょっぴりだけ。それから少し──また少し、ついずるずると。──そうして、とうとう起こったのよ。──こんな具合に起こるんですわ、ああいうことって(24)」。

これは口先だけの弁解ではない。心から信じて語る釈明である。ロスメル家でレベッカに起きたすべてのこと、すなわちロスメルを愛するようになり、彼の妻に敵意を抱くようになったことは、すでに彼女を支配していたエディプス・コンプレックスの帰結である。実の母親とヴェスト博士にたいするレベッカのかつての関係を再現する、強いられた模倣形成なのである。

だからレベッカに最初のロスメルからの求婚を断らせた罪責感は、クロルから［ヴェスト博士が実の父親であることを］知らされた後に、自分の犯罪を告白させたさらに大きな罪責感と異なるものではないのである。ただし彼女がヴェスト博士の影響のもとで、自由思想を信奉し、宗教的な道徳を軽蔑する女性になったのと同じように、ロスメルへの新しい愛によって、良心をもつ高貴な女性になったのもたしかである。レベッカは自分の心の中で起きていることについて、その程度のことは理解していた。だから自分が変化したわかりやすい動機として、ロスメルからの影響をあげたのは、間違ってはいなかったのである。

精神分析の仕事に従事する医者であれば、少女がある家庭に女中として、話し相手として、家庭教師として入ると、意識的にせよ無意識的にせよ、その家の主婦が何らかの形で姿を消し、そしてその家の主人が少女を妻として迎えるようになればよいという白日夢を抱くようになることがいかに多いか、そしてほとんどつねにこうした夢を抱くようになることを、よく弁《わきま》えているものである（この白日夢の内容は、エディプス・コンプレックスから生まれたものである）。イプセンの『ロスメルスホルム』は、少女たちにごくふつうにみられる空想を扱った作品としては、最高の種類の芸術作品である。女主人公が、その白日夢とぴったりと合致する現実をかつて経験していたことが加わって、これは悲劇的な作品となったのだった[*5]。

長々と文学作品の分析をつづけてきたが、ここで医者としての経験に戻ろう。しかしそれは文学作品の分析と医者としての経験がぴったりと一致することを、ごく手短に確認するためだけである。精神分析の仕事がわたしたちに教えてくれたのは、良心の力というものは、おそらくわたしたちの罪の意識一般と同じように、エディプス・コンプレックスと、そして父親や母親との関係と密接に結びついたものだということである。ふつうであれば、欲望を抑圧することで症状が発生するのだが、良心はむしろ、成功したときに症状を起こさせる力があるものなのである。

三　罪の意識から犯罪に走る者

若年期の犯罪の意味

若者についての報告書、とくに思春期の前期の年代の若者たちの報告書には、後にはきわめて立派な人物になった人々が、思春期の前期に盗み、詐欺、ときには放火など、赦しがたい行為を咎められていたことが記載されていることが多い。これまでわたしは、人生のこの時期には道徳的な抑制力が弱いためだと考えて、こうした報告を重視してこなかった。そしてこれらの事実のあいだに、意味深長な関連があるのではないかと考察を試みようとはしなかったのである。

しかしわたしが分析した患者たちのうちで、こうした若年期をとっくに過ぎているのに、治療しているあいだにも、このような犯罪行為を犯すという明確で、興味深い事例が確認された。そこでこうした出来事について、ついに根本的に研究せざるをえなくなったのである。

そして分析作業によって、驚くべき結果が判明したのだった。というのは、こうした犯罪行為が行われたのは、それが禁じられているからであり、犯罪行為を行うことで、犯罪者の精神的な負担が軽減されるからだったのである。患者は、どこから生まれたのか理解しがたい圧迫するような罪の意識に苦しめられていて、罪を犯した後は、この圧迫が軽くなったのである。何らかの方法で、少なくとも罪の意識がいわば〈格納された〉のである。

罪の意識による犯罪

逆説的に響くかもしれないが、犯罪行為が実行される前から、罪の意識が存在していたのであり、罪を犯したがために罪の意識が生まれたのではなく、罪の意識が存在したがために罪が犯されたと主張したいのである。こうした人物を、罪の意識のために犯罪者となる者であると呼ぶのは妥当なことだろう。もちろん罪責感が犯罪行為よりも前から存在していたことは、この犯罪行為という結果とは別の一連の言動によって証明されている。

しかし科学的な仕事の目的は、例外的に興味深い事例を確認することにあるわけではなく、次の二つの問いに答える必要がある。犯罪行為の前から存在していた暗い罪責感はどこから生まれたのか、そしてこのような罪責感は、人間の犯罪行為において重要な原因となっている可能性があるのではないかという問いである。

第一の問いを探求することによって、人間の罪責感一般の源泉についての洞察がえられるはずである。精神分析の仕事がつねに教えてくれるのは、この暗い罪責感が、エディプス・コンプレックスから生まれているということである。父親を殺し、母親と性的に交わりたいという大きな犯罪を意図したことへの反動として、こうした暗い罪責感が生まれたのである。この罪責感に苦しめられている人にとっては、この二つの犯罪の意図と比較すると、罪責感を落ち着けるために実行された犯罪は、その重荷を取りさるようなものだったのである。

ここで想起する必要があるのは、父親殺しと母親との近親相姦は、人類の二大犯罪であり、この二つの罪だけは、どんな原始的な社会でも大罪として咎められ、嫌悪されたということである。またわたしたちの別の研究で推定できるようになったことだが、人類はエディプス・コンプレックスのおかげで良心を獲得したのであり、良心はいわば遺伝によって発現した魂の力として現れるのである。

第二の問いに答えることは、精神分析の仕事の枠組みを超えるものである。子供たちでよく観察されることだが、子供たちは「悪い子」になって、おしおきをみずから招いておいて、罰せられると心が穏やかになって満足することがある。こうした子供たちが成人してから精神分析で研究してみると、罰をみずから招いた罪責感の痕跡をみいだすことが多い。

成人の犯罪者について［罪責感が犯罪の原因となっているかどうかを］考察する際には、罪責感なしに犯罪を犯す人物は考慮から除外する必要がある。こうした人物は、道徳的な抑制力をもたずに成長してきた人物であるか、あるいは自分たちの犯罪は社会との闘いであると正当化するような人々であるか、そのどちらかである。しかしすでに刑罰が下されている大多数の犯罪者については、このような［罪責感という］犯罪の動機が存在することは十分に検討する価値のあることである。これについて考察することで、犯罪心理学においてまだ明らかでない多くの問題が解決され、刑罰におけるあらたな心理学的な土台を確立することができるようになるだろう。

後になってある友人から、ニーチェもまた「罪責感から罪を犯す者」について検討していたことを教えられた。たしかに『ツァラトゥストラ』の「蒼ざめた犯罪者」の節を読むと、罪責感が犯罪以前に存在することや、罪責感を合理化するために犯罪を犯すことについて読み取れないことはない。犯罪者のうちのどの程度の者が、こうした「蒼ざめた」犯罪者に分類できるかは、将来の研究に待たねばならない。

原注

＊1　『マクベス』第二幕第一場参照[25]。

＊2　J・ダルムシュテッター『マクベス』（エディシオン・クラシック、一八八七年、パリ）七五ページ。

＊3　たとえば、リチャード三世が、みずから手を下した王の眠る棺のそばでアンに求婚する場合である［この場合には因果関係は損なわれないので、時間を短縮することは許されるのである］。

＊4　ダルムシュテッターの前掲書の前記の箇所を参照されたい。

＊5　『ロスメルスホルム』に近親相姦のテーマが存在することは、オットー・ランクのきわめて内容豊富な作品『文学と神話における近親相姦のモチーフ』（一九一二年）で、すでに同じ精神分析の手法で分析されている。

訳注

(1) シェイクスピア『リチャード三世』(大山俊一訳『シェイクスピア全集 5』筑摩書房、二一〇ページ)。

(2) どちらも北欧神話の人物。バルデルは主神オーディンの息子で、金髪をたなびかせた美しい神だった。ジークフリートはゲルマン民族の英雄で、『ニーベルンゲンの歌』の前半部で主人公として登場する。「何かにつけて天晴《あっぱ》れのものと見なされて、そのためやがて父王の国の誇りともなった」(『ニーベルンゲンの歌』前編、相良守峯訳、岩波文庫、一三ページ)人物とされている。

(3) シェイクスピア『マクベス』小津次郎訳『シェイクスピア全集 7』筑摩書房、二五一ページ。

(4) 同、二五三ページ。

(5) 同、二五五ページ。

(6) 同、二六三ページ。

(7) 同、二七八ページ。

(8) 同、二八一ページ。
(9) 同、二五三ページ。
(10) 同、二七七ページ。
(11) 同、第二幕第二場。邦訳は前掲書二五六ページ。
(12) 同。
(13) 前掲書二七八ページ。
(14) イプセン『ロスメルスホルム』第四幕（原千代海訳『原典によるイプセン戯曲全集4』未来社、四五三〜四五四ページ）。
(15) 同、四五三ページ。
(16) 同は同、四五二ページ。わかりやすいように、前後を少し多目に引用している。
(17) 同、四五一〜四五二ページ。
(18) 同、四五三ページ。
(19) 同、四三七ページ。
(20) 同。
(21) 同。

(22) 同、四三八ページ。

(23) 同。

(24) 同、四四四ページ。

(25) これは第三幕第一場のことと思われる。ここでマクベスは子供が生まれないことについて、次のようにこぼす。「おれの頭には一代限りの王冠をのせ、手には生《う》まず女《め》の笏《しゃく》を握らせておいて、赤の他人に引ったくらせようというのか。おれの子供は王位にはつけぬ」(前掲書二六二ページ)。

『詩と真実』における幼年時代の記憶について（一九一七年）

ゲーテの記憶

「幼年期のごく早い時期に起ったことについて思いだそうとすると、自分で実際に経験したことと、ほかの人から聞かされたことを混同してしまうことが多いものだ」。ゲーテは六〇歳の時に自伝を書き始めたとき、その冒頭にこう書き記した。この言葉の前には、ゲーテが「一七四九年八月二八日、正午の十二点鐘」の鳴ると同時に生まれたことについて、簡単な説明があるだけである。星辰の配置は好ましいものであり、ゲーテが生まれることができたのは、そのおかげだったかもしれない。というのもゲーテは「死児として」この世に出てきたかもしれなかったからである。さまざまに手を尽くして、やっと彼は死を免れることができたのだった。

そしてこの記憶の混同についての注意の後に、生まれた家と、子供たち（すなわち彼と妹）がとくに気にいっていた場所について短く語られる。それからゲーテは、「幼年期のごく早い時期について」（おそらく四歳頃までのことと思われる）、みずから記憶していたらしい唯一の出来事について語るのである。

それは次のような出来事だった。「それからわたしは、向かいの家に住んでいたフォン・オクセンシュタインの三人の兄弟にかわいがられた。この兄弟は亡くなった市長の遺児で、いろいろとわたしを相手にして、からかったりしたのだった」。「平素は真面目でつき合いも少なそうなこの三人兄弟は、わたしにさまざまな悪ふざけをさせたので、わが家の人々はそのことをよく話の種にしていた。こうした悪戯の一つだけをここで語っておこう。陶器市が開かれているときで、その時その時、厨房で必要な陶器だけでなく、わたしたち子供たちが遊びに使う陶器の小物も購入していた。ある晴れた昼下がりだった。家は静まり返っていた。わたしは〝格子の間〟で（というのは、道路に面した子供たちのお気に入りの部屋で）、子供向けの皿や壺をおもちゃにして遊んでいた。それだけではつまらないので、皿を一枚道路に投げつけてみて、それが割れるのを見て喜んでいた。オクセンシュタイン兄弟は、わたしが嬉しそうに手を叩いて喜んでいるのをみて、『もっとやれ！』と叫んだ。わたしはすぐに壺を一つ投げだした。そしてたえず『もっとやれ！』と叫ぶ声に促されて、わたしは小皿、小鉢、小壺のすべてを次々と、舗道に投げつけたのだった。わたしの隣人「であるオクセンシュタイン兄弟」たちは、喝采をやめなかった。わたしは彼らを満足させることができて、とても幸福だった。しかしわたしの手持ちの陶器はやがてなくなった。それでも兄弟たちは『もっとやれ！』と叫びつづける。わたしはただちに台所に走っていって、数枚の陶器の大皿をもってきた。これが壊れるのは、はるかに楽しい見物だったのはたしかである。わたしは何度も行き来して、皿が置かれている棚から手が届くかぎりで、順番に一枚ずつ運びだしては道路に投げた。兄弟はそれでもまだ満足しないので、わたしは運びだせるすべての食器をもちだして、外に投げて壊してしまった。人がやって来て、止めさせたのは、それからしばらく経ってからのことである。不幸はすでに起きてしまっていた。これほど多数の陶器が壊されてしまった代わりに、少なくとも笑い話の種が一つ残されたのである。とくにこの事件をそそのかした悪戯者の張本人たちは、死ぬまでこれを笑って楽しんでいた」。

幼児期の記憶の意味

精神分析が登場する以前の時代であったならば、これは気にもとまらない記述として何気なく読まれるところだろう。しかし精神分析家であれば、興味がかきたてられるところである。精神分析の世界では幼年期の早い時期の記憶については、特別な見方と予測が行われるようになっていて、それが一般に妥当するものとされている。幼児期のことはほとんどが忘却されるのが一般的であるのに、[1]幼年期の生活の特定の細部だけが記憶に残ったとすれば、それはどうでもよいことではないし、意味のないことではないはずである。むしろ記憶に残っているものは、その人の幼年期のうちでもっとも重要なものであると考えられる。それが重要なのは、幼年期においてすでに重要であったか、その後の体験の影響であとから重要になったかのどちらかであろう。

しかしこうした幼年期の記憶が重要な価値をそなえていることは、ごく稀な事例でしか明らかになっていない。多くの場合、こうした記憶はどうでもよいものとか、無意味なものと考えられてきた。そして忘却されるのがつねであるのに、どうして忘れずに記憶されていたのかが、理解されてこなかったのである。こうしたことを自分自身の記憶として長年にわたって保持してきた当人も、その記憶を聞かされた人と同じように、その価値を評価することができなかった。こうした記憶の意味を認識するためには、ある程度の解釈の仕事が必要なのである。精神分析による解釈の営みにおいて、その記憶の内容が別のものに替わっているか、あるいはその記憶ともっと別の明らかに重要な体験との関係が秘められていることがはっきりとしてきたのだった（こうした記憶は、いわゆる隠蔽記憶として、この体験の代わりに維持されたのである）。

精神分析では、ある人の個人史を解釈する際に、幼年期のごく早い時期についての記憶がもつ意味について、このような解釈の方法で解明することに成功してきた。多くの場合、分析をうけている人が最初に語る記憶、すなわち自分の人生の告白を始めるにあって語る記憶は、もっとも重要な記憶であり、その人の精神生活の秘密を解くための〈鍵〉となるものを秘めていることが明らかになるものである。

ただしゲーテの『詩と真実』で語られた幼年期のこの小さな出来事の記憶は、わたしたちのこうした期待をあまり満たしてくれるものではない。患者たちを分析するために精神分析で利用できる手段や方法も、ここでは当然ながら利用できない。またこの出来事そのものが、ゲーテの後年の重要な体験の印象と結びついた先駆的なものであることを示すような痕跡もみいだせない。他人にけしかけられたとはいえ、両親の家計に打撃を与えるようなこうした悪戯は、ゲーテがその豊かな生涯について語ろうとしている自伝の冒頭を飾る逸話としては、あまり適したものではないのはたしかである。まったく無害で、重要な体験とは無関係のものであるという印象は、幼年期の記憶にふさわしいという以上のものではない。そのためこれについては精神分析をあまり濫用してはならないし、不適切な場所で持ちだしてはならないという要請にしたがうべきだと感じられたのである。

類似例

そこでわたしはこのちょっとした問題をずっと考えずに放っておいたのだが、たまたまある患者が語った同じような幼年期の記憶が、別の重要な体験と明白な関連性があることを洞察させてくれた。この患者は二七歳で、高い教養と才能のある男性であるが、その頃は母親との葛藤で頭が一杯になっていた。この葛藤が彼の生活のすべての関心を占めてしまい、その影響のため、他者を愛する能力も独立した生活を過ごす能力も、著しく損なわれていた。

この葛藤は幼年期に、おそらく四歳の頃までさかのぼるものだった。それまでは虚弱で、病気がちの幼児だった。それなのに彼の記憶は、この悪しき時代を天国のように美化していた。その頃は母親の愛を独り占めして、無制限に享受していたからである。彼が四歳になる前に、一人の弟が生まれた（この弟は現在でも生存している）。この［母親の愛を独占できなくなるという］いやな出来事への反応として、彼はわがままで反抗的な子供になり、母親は彼にいつも厳しい姿勢を示さざるをえなくなった。そしてその後は、もはや望ましい道に戻ることはなかった。

彼がわたしのもとに治療をうけにきた頃には（信心深い母親が精神分析を嫌っていたから［嫌がらせに］治療をうけにきたわけではない）、もはや弟への嫉妬心はすっかり忘れられていた。かつてはこの嫉妬心のために、揺籠《ゆりかご》で寝ている赤子［の弟］を殺そうと試みたことがあったほどだったのである。現在では彼は弟に非常に思慮深い姿勢を示している。しかし時折、発作的に、いつもは大切にしている猟犬や気を配って育てている小鳥をいじめたりすることがあるが、これはかつて彼が弟に感じていた敵意ある衝動の名残として理解することができるだろう。

この患者があるとき、憎んでいた弟を殺そうとした頃に、手に届くかぎりの陶器を街路沿いにあった別荘の窓から外に投げだしたことがあると語ったのである。これはまさにゲーテが『詩と真実』で子供時代のこととして語っている出来事とまったく同じではないか！ ついでながらこの患者はドイツ人ではなく、ドイツで教育をうけたこともない。ゲーテの自伝など読んだこともなかったのである。

ゲーテの弟妹

この逸話を聞かされてからわたしは、ゲーテの幼年時代の記憶を、この患者の回想によって疑いの余地のなくなった［弟へ嫉妬という］意味によって解釈したいと考えるようになった。しかしゲーテの幼年時代に、このような解釈のために必要な条件が存在していたことを証明できるだろうか。ゲーテ自身は、この子供の悪戯は、オクセンシュタイン家の兄弟にあおられたためだと語っている。しかし彼の語っていることから考えて、この大人の隣人たちは、ゲーテがみずからの欲動の充足をつづけることをあおっただけなのは明らかである。最初はゲーテが自発的に始めたことだった。そして彼がこの悪戯を始めるための動機として語っているのは、「（皿や壺で遊んでいて）それだけではつまらないので」ということである。これはゲーテにとってこの行動の真の動機が、自伝を執筆した時点でも、おそらくそれ以前の時期にもずっと自覚されていなかったことを、みずから認めたものと解釈できるだろう。

ゲーテ家には多数の子供たちが生まれたが、その多くは虚弱だった。一番年長のヨーハン・ヴォルフガング・ゲーテと妹のコルネーリアだけが生き延びたことはよく知られている。ハンス・ザックス博士は親切にも、夭折したゲーテの弟と妹たちのリストを作成してくださった。

早世したゲーテの弟と妹

（一）ヘルマン・ヤーコプ。一七五二年一一月二七日の月曜日に受洗。六年と六週間で亡くなった。一七五九年一月一三日に埋葬。

（二）カタリーナ・エリーザベタ。一七五四年九月九日の月曜日に受洗。一七五五年一二月二二日の木曜日に埋葬（一歳と四ケ月）。

（三）ヨハンナ・マリーア。一七五七年三月二九日の火曜日に受洗。一七五九年八月一一日の土曜日に埋葬（二歳と四ケ月）。ゲーテが、とてもかわいくて魅力的だったとほめているのは、この妹だろう。

（四）ゲオルク・アードルフ。一七六〇年六月一五日の日曜日に受洗。一七六一年二月一八日の水曜日に埋葬。八ケ月の命だった。

ゲーテのすぐ下の妹のコルネーリア・フリーデリーカ・クリスティアーナは、一七五〇年一二月七日生まれであり、その時点で［一七四九年八月二八日生まれの］ゲーテは一歳と三ケ月だった。これほど年齢が近いと、この妹が嫉妬の対象となったとは考えられない。周知のように、子供に［嫉妬という］情念が生まれるときには、年長の兄弟姉妹には激しい反応を示さず、新たに生まれてきた年下の兄弟姉妹に嫌悪を向けるのである。そしてわたしたちが解釈しようと努力しているシーンも、ゲーテの幼さを考えると、コルネーリアの誕生ないしはその直後に結びつけることはできない。

すぐ下の弟のヘルマン・ヤーコプが誕生したときには、ヨーハン・ヴォルフガング・ゲーテは三歳と三ケ月になっていた。これからほぼ二年後、ゲーテが五歳の頃に、妹のカタリーナが生まれている。三歳三ケ月と五歳、このどちらも陶器壊しのシーンの時期を考察するための手掛かりとなる年齢である。おそらく三歳三ケ月の頃のヘルマン・ヤーコプの誕生と結びつけて考えるべきだろう。わたしの患者の場合にも、弟が誕生したのが三歳と九ケ月だったことを考えると、こちらのほうがふさわしいだろう。

また、その他の弟や妹たちと比較して、わたしたちが解釈の対象としようと試みている弟のヘルマン・ヤーコプがゲーテと子供部屋をともにした期間は、決して短いものではない。そして偉大な兄が記した自伝的な文章のうちで、この弟に一言も回想の言葉を書いていないのは、驚くべきことだろう。[*1] この弟は六歳を超える時期まで生きていた。彼が死んだときには、兄のヨーハン・ヴォルフガング・ゲーテは一〇歳になろうとしていた。ヒッチュマン博士はこの件に関する覚書をわたしに読ませてくれたが、そこには次のように記載されている。

「まだ幼いゲーテは、弟が死んだことを歓迎しないわけでもなかったのである。ベッティーナ・ブレンターノの証言によると、母親は次のように語ったという。『遊び仲間だった弟のヤーコプが死んだときに、まったく涙も流さず、両親や兄弟姉妹たちがヤーコプの死を嘆いていることに、ある種の怒りを示していたことは、母親にとって意外なことだった。後になって母親がこの強情な息子に、弟が好きではなかったのかと尋ねたところ、彼は自分の部屋に走っていって、ベッドの下から課業や物語が書かれた一束の書きつけを持ち出してきて、弟に教えてやろうと書いておいたのだと母親に告げた』のである。兄は弟にたいして父親の役割を演じて、自分の優越をみせつけようとしていたのである」。

壊す子供の心理

だからわたしたちは、この陶器を道路に投げて壊した一件は、子供が（ゲーテもわたしの患者も）、邪魔な侵入者である弟を片づけてしまいたいという願望を力強く表現した象徴的な（正しくは呪術的な）行為なのだと解釈してよいようである。子供は何かを壊して喜ぶものだという意見を否定する必要はない。ある行為がそれだけで喜びをもたらすものであるならば、それはその行為をもっと別の意図のもとで反復することを妨げるものではなく、むしろそれを誘うのである。

しかしこのような［陶器が］がちゃがちゃ音を立てて壊れるのを眺める喜びだけで、子供の頃の悪戯の記憶が、成人になったゲーテの記憶のうちで長いあいだ保たれることができたとは考えられない。またこうした行為の動機をもっと別の観点から考察して、さらに複雑なものとすることに反対するものではない。陶器を壊して喜んでいる子供は、自分が悪いことをしていて、大人たちからそのために叱られるだろうということをよく知っているのである。そのことを知っていながらも、その行為をやめないとすれば、おそらく両親に感じている怨恨を晴らそうとしているのである。自分が悪い子であることを示そうとしているわけだ。

物を壊したり、壊れたものを眺めることから生まれる快感だけなら、壊れやすい品物を床に落とすだけでも満たされるだろう。子供が窓から外へ、街路に投げだしたことは、これでは説明できないのである。この「外へ」ということが、この呪術的な行為の本質をなすのであり、この行為の隠された意味から生まれているに違いないのである。［この隠された意味は］新たに生まれてきた子供は、できれば窓から外へ運びだすべきである、なぜならば子供は窓からやってきたからである［ということである］。そうだとすれば、この［外に投げ出して壊すという］全体の行為は、［子供はどうやって生まれたのと尋ねて］コウノトリが運んできたのよと聞かされた子供たちが示す周知の反応と同じ意味をもっているものではないだろうか。子供たちは「それならコウノトリがまた連れて帰ればいいのに」と答えるのである。

第二の類似例

ただし、ある子供の行為をわずか一つのアナロジーに基づいて根拠づけようとするのが、どれほど危ういものであるか（何よりも内的な不確実さを伴うことを考えてもである）、わたしたちは知らないわけではない。だからわたしは長年にわたって、『詩と真実』のこのちょっとした一場面についての考えを公表しないできたのである。しかしある日のこと、わたしのところにやってきたある患者が、自己分析を始めたが、そのときに想起した場面を次のように語ったことがある（言葉はそのままに再現してある）。「わたしは長男で、下に兄弟姉妹が七人、いや八人いました。[*2] わたしが記憶しているごく初期の思い出の一つは、父がパジャマ姿でベッドに腰を掛けて、笑顔でわたしに、もうすぐ弟ができるよと語ったことです。その頃わたしは三歳九ケ月でした。すぐ下の弟との年齢の違いはこれほど大きいのです。そのしばらく後に（それとも一年ほど前のことだったかな）[*3]、さまざまなもの、たくさんのブラシ（それともブラシ一本だったかな）、靴などを、窓から外の街路に投げ捨てたことがあります。もっと前の記憶もあります。二歳だった頃に、ザルツカンマーグート地方を旅行していて、リンツのあるホテルの一室に、両親とともに宿泊していたのです。その頃、夜になるとわたしはぐずついて大きな叫び声を上げたので、父から叩かれたのでした」。

この患者の証言で、わたしのあらゆる疑念は消失した。精神分析の想起の際に、二つの異なる出来事がすぐにつづけて、まるで一息に語るように証言されたときには、この二つの出来事が接近しているのは関連があるからだと解釈すべきなのである。患者はまるで「わたしは弟ができたと知らされたので、しばらくしてさまざまな物を街路に投げ出したのです」と語っていると考えるべきなのである。ブラシや靴などを投げ出すという行為は、弟が生まれたことにたいする反応と考えるべきである。この場合に、投げ出された物は陶器ではなく、その他のもの、おそらく子供に手が届く品物だったということは、解釈を否定するものではない。……つまり窓から外の街路に投げ出すという行為そのものがこの行動の本質的なものであり、壊す喜び、がちゃがちゃ音がすることの喜び、それに「刑を執行される」品物の種類などは不特定でかまわないのであって、本質的ではないことが証明されるからである。

もちろん［接近して語られたものは］関連のあるものと解釈すべきであるという要請は、この患者の幼児の記憶のうち、もっとも早期のものでありながら、このわずかな記憶の最後に追いやられていた第三の逸話にもあてはまる。これを解釈するのはたやすいことである。二歳の子供がむずかったのは、父親と母親が一つのベッドの中にいるのが気にいらなかったのだ。旅行中だったので、ベッドの中で両親がしていることを子供に目撃させておくしかなかったのだろう。この小さな嫉妬する子供の中でうごめいた感情のうちで、女性にたいする苦々しい感情だけが残り、それが彼の恋愛の発展に長いあいだ妨げとなったのだった。

この二つの分析の経験に基づいて、わたしは精神分析学会の会合で、幼い子供たちのあいだでは、こうした出来事は決して稀ではないと発言したところ、ヘルミーネ・フォン・フーク＝ヘルムート博士は、次の二つの観察例を提供してくださった。これをここに掲載しておくことにする。

フーク＝ヘルムート博士の提示した二つの類似例

第一例

三歳半の頃に、幼いエーリヒは自分の気にいらないものをすべて窓から外に放りだす習慣を「まったく突然に」身につけてしまった。自分にとって邪魔にならないものや、自分に関係のないものまで、放りだすのだった。ちょうど父親の誕生日のことだったが（三歳と四ケ月半だった）、エーリヒは重い麺棒をすばやく台所から自分の部屋まで運んできて、四階の住居の窓から街路に放りだしたのである。数日後には大きな乳棒を、それから父親の重い登山靴一足を、窓から外に放りだした。靴はわざわざ箱から取りだして投げたのである（彼はいつも重い物を選んでいたわけである――フロイト）。

その頃、母親は妊娠七ケ月か八ケ月にさしかかっていたが、流産した。流産した後はエーリヒは「生まれ変わったかのように良い子になり、やさしくおとなしい子になった」。妊娠して五ケ月か六ケ月頃には、彼は母親に何度もこう言っていたのである。「ママ、おなかの上に飛び乗るからね」「ママ、おなかを押すよ」。そして流産する直前の一〇月頃にはこう言っていた。「どうしても弟ができるのなら、少なくともクリスマスまでは待ってほしいなぁ」。

第二例

ある一九歳の娘が、ごく早期の幼年期の記憶として、次のようなことを自発的に語ってくれた。

「［幼い頃によく］とても行儀の悪い格好で、すぐにでも這いだせるように準備して、食堂のテーブルの下に座っていたことを思いだします。テーブルにはわたしのコーヒー・カップが載っていました。その陶器のカップに描かれていた模様を、今でもはっきりと思い出せます。お祖母《ばあ》さんが食堂に入ってきたら、そのカップを窓から外に投げ出そうとしていたのです。

というのも、その頃は誰もわたしを構ってくれなかったからです。そしてコーヒーには上に『膜』ができるのです。わたしはその膜がひどく嫌いでしたし、今でも嫌いです。

その日に、二歳半くらい年下の弟が生まれたので、誰もわたしを構う時間がなかったのでしょう。

今でも、その日はわたしが我慢できないくらいひどい子だったと言われます。お昼には、パパが愛用していたグラスをテーブルから投げとばしたし、一日じゅう着物を汚して、朝から晩までとても不機嫌だったそうです。とても怒って、お風呂に一緒にはいる人形まで壊してしまったそうです」

この二つの事例については、何もコメントする必要はないだろう。ライヴァル［になる弟］が生まれたために、あるいは生まれそうになったために、子供たちは、窓から物を投げだしたり、立腹と破壊欲を示すその他の行為で、自分の機嫌の悪さを表現していることは、分析しなくても明らかである。第一の事例で「重い物」はおそらく母親自身を象徴しているだろう。ライヴァルが生まれるまでは、子供の怒りは母親に向けられるのである。三歳半の少年は、母親の妊娠を知っていて、母親がおなかの中に子供を隠していることを疑っていないのである。ここで「小さなハンス」[*4]のことを思いださざるをえない。ハンスは重い荷物を積載した馬車にとくに強い不安を抱いていた。[*5]第二の実例では、子供の幼さに注目したい。まだ二歳半なのである。

ゲーテの幸運

さて、ゲーテの幼年期の記憶に戻って、子供たちの実例の観察から推測してきたことを、『詩と真実』のあの場面にあてはめてみることにしよう。そうすると、ほかの方法では発見できなかった関連が、まったく疑問の余地のないものとして浮かび上がってくるのである。すなわち「わたしは幸福な子供だった。わたしは死児としてこの世にやってきたのに、運命がわたしを生かしてくれた。しかし運命はわたしの弟を片づけてしまった。そこで母親の愛情を弟に奪われることがなかった」。それから考えがさらに進んで、ゲーテがまだ幼い頃になくなった別の人物である祖母のことを思いだす。この人は親切で穏やかな精霊のように、別の部屋に住んでいたのである。(2)すでに別のところで指摘しておいたように、かつて母親の愛情を完全に独占していた人は、生涯にわたって征服者の感情を、自分はかならず成功するという確信を抱きつづける。そしてこの確信が実際に成功を招き寄せることも珍しくないのである。だからゲーテはこの自伝の冒頭に、「わたしの成功は、母親との関係に根ざしている」と書くこともできたはずである。

原注

＊1（一九二四年の追加）この機会を利用して、わたしの間違いを訂正しておきたい。このような勘違いはあってはならないことだった。『詩と真実』の第一巻の少しあとのほうで、この弟についても書かれてあり、描写されている。ゲーテは厄介な小児病に悩まされたことを回想しながら、弟もこれに「かなり悩まされた」と書いた後に、次のように記していた。(3)「弟は繊細で、物静かで、頑固だった。わたしたちはほんとうの意味で兄弟の間柄と感じたことはない。弟は幼年期をすぎないうちに亡くなった」。

＊2「七人か八人というのは」上辺だけの間違いであるが、注目に値する。すでに弟を片づけたいと考える傾向があったために、このような間違いが誘発されたことは、否定できない。これについてはフェレンツィの「分析の際の過渡的な象徴形成について」（『精神分析中央機関誌』第二号、一九一二年）を参照されたい。

＊3この「前ではないかという」疑問は、この思い出の本質的な点にたいする抵抗としてしがみついているのであるが、後に患者がみずから撤回した。

＊4「ある五歳男児の恐怖症の分析」参照。

＊5 しばらく前に五〇歳を超えた女性から、こうした妊娠の象徴について、別の裏づけをえた。彼女がまだ言葉を覚える前の幼児の頃に、重い家具を積んだ馬車が家の前の道路を通ると、興奮して父親を窓のところまでひっぱって行ったと、家族から何度も聞かされたというのである。当時の住居の記憶から判断して、まだ二歳九ケ月未満の幼児だったことが確認できた。この頃に弟が生まれて、手狭になったので転居したのである。ほぼ同じころに、眠りにつく前に何か途方もなく大きなものが近くにやってくるような不安に襲われて、「手が太くなった」感じがしたという。

訳注

（1）人間は幼児期の出来事はほとんど忘れているものであり、精神分析ではこれを小児健忘と呼ぶ。フロイトはこれは人間の記憶能力の問題ではなく、抑圧の結果だと考える。

（2）ゲーテは陶器を壊した逸話のあとで次のようにつづけている。「わたしたちが住んでいたのは、実は父方の祖母の家だった。祖母は玄関のすぐそばの広間を居間にしていた。わたしたちはいつも祖母の安楽椅子のそばで遊んでいた。病気のときには、ベッドのところで遊んだ。祖母は、いわば精霊のような、美しい、痩せた女性で、いつも白いさっぱりとした服を着ていたことを思いだす。わたしは祖母を穏やかで、ものやさしく、親切な人として今でも記憶している」（『詩と真実』第一部、小牧健夫訳、岩波文庫、一四ページ、改訳）。

（3）ゲーテは「麻疹も、風疸も、その他のいかなる子供の厄病神も私を容赦しておかなかった」と回想し、ついでに「同じ病気が伝染して少からず苦しんだ三つ年下の弟のことを追憶」している。前掲書、四五〜四六ページ。

不気味なもの（一九一九年）

第一節

美学と精神分析

精神分析家が美学的な研究をやりたいという気持ちになるのはきわめて珍しいことである。美学がたんに美というものについての学問ではなく、人間の感情の質を考察する学問とみなした場合でも同じである。[1] 美学の素材となるのは感情の動きであり、こうした感情は目標が制止され、[2] 和らげられ、きわめて多数の付随的な状況に依存したものとなる。これにたいして精神分析家は、人間の精神生活のもっと別の層と取り組んでいるのだが、それでもときおり、美学の特定の分野に関心をもたざるをえなくなることがある。しかしそうした分野はふつうは、美学の専門の文献などでは軽視されている周縁の領域にかぎられるのである。

こうした領域の一つとして「不気味なもの」が挙げられる。不気味なものとは、恐ろしいもの、不安や恐怖をかきたてるものであることは間違いない。またこの不気味なものという語が必ずしも厳密に定義されて使われることはなく、不安をかきたてるもの全般について同じように語られることが多いのもたしかである。しかしこの言葉のうちには何か特別な〈核〉のようなものが存在していて、この特別な概念の言葉を使用する根拠となっていると予想することはできるだろう。それではこの共通の〈核〉とは何だろうか。不安なもののうちにあって、とくに「不気味なもの」だけを際立たせる根拠となりうるこの〈核〉とは、どのようなものだろうか。

美学というものは、そもそも美しいもの、偉大なもの、魅力的なもの、すなわちさまざまな肯定的な種類の感情と、その条件と対象にかかわるものであり、それとは反対のもの、忌まわしいもの、苦痛なものにかかわろうとするものではない。そのためこの不気味なものについての詳細な記述を、美学に期待することはできない。また医学と心理学の分野の文献としては、E・イェンチュの内容豊かではあるが、包括的とは言えない論文を挙げられるだけである。[*1] ただしすぐに理解できるように、時代的な制約のために[3]、わたしはこの小論では利用できる諸文献、とくに外国語の文献を徹底的に渉猟することができなかった。このため この小論は読者に、他の文献よりも先に新たな知見を提起すると主張するものではない。

イェンチュはこの論文で、不気味なものについて研究するのが困難なのは、人によってこの感情の特性についての感受性がきわめて異なるからだと強調しているが、これはまったく正しい。このテーマの研究を試みるわたし自身、きわめて鋭敏な感受性が必要であるのに、普通以上の鈍感さしか持ち合わせていないことを嘆かざるをえない。わたしはもう長いあいだ、不気味な印象を与えるものを経験したことも、不気味さを感じたこともない。そのためあらためてこの感情の中に入り込んで、こうした感情がそもそも可能であることを思いださねばならないのである。たしかにこの種の困難は、美学のその他の分野でも強く感じられるものである。だからといって、この不気味なもののもつ怪しい性格が、多くの人に疑問の余地なく確認できるようないくつかの事例を示せるはずだという期待まで、放棄してしまうべきではないだろう。

二つの分析方法――語彙論と事例論

これには二つの道が考えられる。第一の道は、これまでの言語の発達の歴史において、この「不気味なもの」という語にどのような意味が与えられてきたかを考察する道である。第二の道は、わたしたちのうちにこの不気味なものという感情を呼び起こすのがどのような人物であり、事物であり、感覚的な印象であり、体験であり、状況であるかをまとめて考察することによって、これらのすべての事例に共通する特性を探しだし、不気味なものの隠された性格をあらわにする道である。

やがて分かるように、これらの二つの道は同じところにたどりつく。不気味なものとは結局のところ、熟知したものや古くから知られているものによって生まれる恐ろしさなのである。どうしてこのようなことがありうるのか、熟知したものがどのような条件のもとで、不気味なもの、恐ろしいものになりうるのかは、すぐに明らかになるだろう。ちなみにわたしはこの研究では実際には、個々の事例を収集するという［第二の］道を進んだのちに、言語的な使い方についての証言［という第一の道］によってこれを裏づけたのであるが、説明では逆に、［第一の道から第二の道へと］進むことにする。

知的な不確実さという仮説

ドイツ語の「不気味な」(ウンハイムリッヒ)という語は、「親しみのある」(ハイムリッヒ)、「気が置けない」(ハイミッシュ)、「熟知した」(フェアトラウト)などの語の反対概念であるのは明らかである。あるものが恐ろしいと感じられるのは、それが「未知のもの」(ウンベカント)であって、「熟知したもの」(フェアトラウト)ではないと感じられるからだと、すぐに結論できる。もちろん「新奇な」(ノイ)もの、「熟知していない」(ウンフェアトラウト)ものすべてが恐ろしいものと感じられるわけではない。[恐ろしいものは熟知していないものだが、熟知していないものがすべて恐ろしいものではないという意味で]反対は真ではないのである。ここで言えるのは、新奇なものはすぐに恐ろしいもの、不気味なものとなること、すべての新奇なものが恐ろしいのではなく、一部の新奇なものだけが恐ろしいものとなるということだけである。新奇なもの、熟知していないものに、何かがつけ加えられなければ、それは不気味なものにはならない。

イェンチュは不気味なものの考察では全体として、こうした新しいものと、熟知していないものとの関係の考察で立ち止まってしまった。イェンチュは、不気味なものという感情が発生するための本質的な条件は、知的な不確実さにあると主張するのである。不気味なものとはいつも、人々が熟知していないものをみいだすような状況ではないかと考えたのだ。人間が周囲の環境について詳しく知るようになればなるほど、こうした環境に存在する事物や出来事から、不気味なものという印象をうけることは少なくなるというのである。

この特徴づけが不十分なものであることは、すぐに分かる。だから不気味なものを熟知していないものと等置するだけではなく、さらに考察をつづけることにしよう。まず外国語の用例を調べてみることにしよう。ただし辞書を調べてみても、わたしたちに何も新しいことを教えてはくれない。それはわたしたちにとってこれらの外国語が母語でないからにすぎないのかもしれない。しかしどうも多くの外国語には、恐ろしいものという「不気味なものを示す」特別なニュアンスをもつ言葉が、存在しないような印象をうけるのである。[*2]

外国語の「不気味なもの」

ラテン語では（K・E・ゲオルゲス『ドイツ・ラテン語小辞典』一八九八年による）、

「不気味な場所」はロクス・ススペクトゥスであり、「不気味な宵に」はインテンペスタ・ノクテである。

ギリシア語では（ロストの辞典とシェンクルの辞典による）、「馴染みのないもの」あるいは「異質なもの」はクセノスである。

英語では（ルーカスの辞典、ベローの辞典、フリューゲルの辞典、ムレットとザンダースの辞典による）、「不気味なものとは」アンコンフォタブル、アンイージー、グルーミー、ディズマル、アンカニー、ガーストリーであり、「［不気味な］家」については「ホーンテッド［・ハウス］」と言われ、「［不気味な］人間」についてはア・リパルシヴ・フェローと言われる。

フランス語では（ザックス－ヴィラットの辞典による）、アンキエタン、シニストル、ルギューブル、マル・ア・ソン・エーズと言われる。

スペイン語では（トルハウゼンの一八八九年の辞典による）、ソスペチョーソ、デ・マル・アグエロ、ルグブレ、シニエストロと言われる。

イタリア語やポルトガル語は、わたしたちには言い換えとしか思えない言葉をつかって満足しているようである。アラビア語とヘブライ語では、「不気味な」という語は「悪魔的な」とか「ぞっとする」という語と一致している。

ドイツ語の「不気味なもの」

そういうわけで、ここではドイツ語に戻ることにしよう。ダーニエル・ザンダース『ドイツ語辞典』（一八六〇年）では、親しみのある（ハイムリッヒ）という語の次のような用例を挙げており、それをここに省略せずに掲載するが、いくつかの場所は傍点をつけて強調しておくことにする（第一巻七二九ページ）。

親しみのある（ハイムリッヒ）。形容詞。名詞（女性形）はハイムリッヒカイト、複数形はハイムリッヒカイテン。

（一）ハイムリッヒ（heimlich）はハイメリッヒ（heimelich）やハイメリッヒ（heimelig）と綴ることもある。家庭に属する（ツム・ハオゼ・ゲヘーリッヒ）、異邦のものでない（ニヒト・フレムト）、熟知した（フェアトラウト）、馴染んだ（ツァーム）、打ち解けて（トラウト）、のびやかな（トラウリッヒ）、寛いだ（アンハイメルント）など。

（a）（廃語）家または家族に属すること、あるいはこれらに属するものとみなされること。ラテン語のファミリアリスと比較せよ。熟知した（フェアトラウト）。内輪の者たち（ディ・ハイムリッヒエン）、家族の一員（ディ・ハウスゲノッセン）。家族の相談役（デア・ハイムリッヒェ・ラート）。「創世記」四一章四五節。「サムエル記下」二三章二三節。「歴代誌上」一二章二五節。「知恵の書」八章四節。現在ではゲハイマー・ラートというのが通例である（ゲハイムの説明のd一項を参照のこと）。また「内密の」（ハイムリッヒャー）の語も参照。

（b）馴れた動物について、人間に親しんだ動物について言う。反対を意味するのは、野生の（ヴィルト）。「野生（ヴィルト）でも、人間に親しんで（ハイムリッヒ）もいない動物」（エッペンドルフ）[4]。「野獣を……親しませ、服従させて人々の周囲で飼育する」（同）。「この獣は幼いときから人間のもとで育てられ、いまではまったく親しんで（ハイムリッヒ）、友好的になった」（シュトゥンプフ）など。「この小羊はとても慣れて（ハイムリッヒ）、わたしの手からじかに餌を食べる」（ヘルティ）。「このコウノトリは、いつまでも美しく、馴れた（ハイムリッヒ）鳥だった」（リンク）。（なお「家庭の」（ホイスリッヒ）の語の説明の第一項などを参照のこと）。

（c）打ち解けた（トラウト）、のびやかな（トラウリッヒ）、寛いだ（アンハイメルント）。回りを囲む住居がかもしだす静かな満足感、安全に保護されている感じなど。これについては「馴染んだ」（ゲホイヤー）を参照のこと。「よそ者がお前の森を開拓しているような状態で、落ち着いて（ハイムリッヒ）いられるのか」（アレクシス）。「彼女は彼のところではあまり居心地がよく（ハイムリッヒ）なかった」（ブレンターノ）。「さらさら流れ、ざわざわ、ぴちゃぴちゃと音を立てる森の小川に沿った……小高く快い（ハイムリッヒ）日陰の小道で」（フォルスター）。「故郷の心地好さ（ハイムリッヒカイト）を破壊する」（ゲルヴィヌス）。「これほど親密で居心地のよい（ハイムリッヒ）場所をみつけたことがなかった」（ゲーテ）。「そこはまったく快適で、感じがよく、居心地のよい（ハイムリッヒ）場所だと思った」（同）。「狭い柵に囲まれた静寂な居心地のよさ（ハイムリッヒカイト）のうちで」（ハラー）。「ごくつまらないものからでも、楽しい居心地のよさ（ハイムリッヒカイト）、すなわち家庭の雰囲気（ホイスリッヒカイト）を作りだすことのできる気のきいた主婦」（ハルトマン）。「しばらく前まではあれほどよそよそしく感じられていた男が、急に親しみ深い（ハイムリッヒ）人間になり」（ケルナー）。「プロテスタントの領主は、カトリックの臣下たちのうちでは居心地よく（ハイムリッヒ）感じなかった」（コール）。「周囲が気持ちよく（ハイムリッヒ）なり

／宵の静けさだけがお前の部屋にさやぐとき」(ティートゲ)。「彼らが休息の場所として求めたのは／静かで、愛らしく、居心地のよい(ハイムリッヒ)場所」(ヴィーラント)。「彼はそこではまったく、寛ぐ(ハイムリッヒ)ことがなかった」(同)。さらに次の用法も参照。「その場所はたいそう静かで、ひっそりと、日陰で落ち着いて(ハイムリッヒ)いた」(シェル)。「引いては満ちる潮の波は、夢見るごとく、揺するがごとく心地好い(ハイムリッヒ)」(ケルナー)。

とくに居心地の悪い(ウンハイムリッヒ)を参照のこと。

またシュヴァーベン地方やスイスの作家たちは、ハイメリッヒという三音節の語を使う。たとえば「イヴォは夕方になって家に戻ると、どれほど落ち着いた(ハイメリッヒ)ことだろう」(アウエルバハ)。「家ではわたしはとても寛いだ(ハイメリッヒ)」(同)。「暖かい小部屋、居心地のよい(ハイメリッヒ)午後」(ゴットヘルフ)。「人々がいかに自分が小さな存在であり、主が偉大な存在であるか、心から信じるときこそ、真の居心地のよさ(ハイメリッヒ)を感じるのである」(同)。「人々はやがて次第に気持ちよくなり、たがいに好ましく(ハイメリッヒ)感じるようになった」(ウーラント)。「寛いだ居心地のよさ(ハイメリッヒカイト)」(同)。「わたしにはここほどに気持ちのよい（ハイメリッヒ）ところはない」（同、およびペスタロッチ）。「遠いところからやって来た者は……それほど現地の人々と居心地良く（ハイメリッヒ）暮らせるものではない（故郷にいるように、隣人と親しく）」（同）。「家族たちに囲まれてしばしば過ごした家は／かつてはあれほど居心地よく（ハイメリッヒ）、楽しいものだったのに」（ライトハルト）。「見張り番の鳴らす角笛が塔から気持ちよく（ハイメリッヒ）響いてきて、その声が親しげに招くので」（同）。「穏やかで、和やかで／おどろくほど心地好く（ハイメリッヒ）眠り込んで」（同）。

この好ましい用法は、次の（二）の意味と混同してすたれてしまわないためにも、一般に広まる価値があった。次の文と比較せよ。「ツェック家の人々はみんなハイムリッヒ（二の意味で）だね」「ハイムリッヒだって？ どういう意味でかね」「というのは、あの家の人々をみていると、埋もれた泉とか、干上がった池のような印象をうけるのだよ。いつかまた水が湧き出てくるという気持ちにならずに、そこを歩くことはできないのさ」「でもぼくたちならそういうときには、ハイムリッヒではなく、不気味な（ウンハイムリッヒ）と言うけど、君はそれをハイムリッヒと言うのだね。それではこの家の人々はどこに隠されたもの、信頼できないものを持っていると言うのかね」(グッコウ)(強調は引用者による。以下も同じ)。
(d)とくにシュレージエン地方で、楽しい、快活なの意味で。これは天気について「晴れた」という意味でも使う。アーデルングとヴァインホルト参照。
(二)隠された、秘められたままである。すなわち、あることについて他人に知らせないようにすること、隠されたままにしておくこと。これについては「秘密の」(ゲハイム)の第二項を参照のこと。近代標準ドイツ語になってからこのように使われるようになったが、古い言葉にもみられる。たとえば聖書の「ヨブ記」一一章六節、一五章八節、「知恵の書」二章二二節、「コリントの信徒への手紙一」二章七節など。ハイムリッヒカイトが秘密(ゲハイムニス)の代わりに使われることもある。たとえば「マタイによる福音書」一三章三五節など。これらはつねに明確に区別されたわけではない。たとえば「(誰かの背後で)こっそりと(ハイムリッヒ)何かをする、動かす」、「そこからこっそり(ハイムリッヒ)忍びでる」、「秘密の(ハイムリッヒ)会合、約束」、「密かに(ハイムリッヒ)、それみろと喜びながら眺めている」、「そっと(ハイムリッヒ)溜め息をつく、泣く」、「何かを隠しておくかのように、こっそりと(ハイムリッヒ)

ヒ）する」、「秘密の（ハイムリッヒ）情事、愛、罪」（「身体の」秘密の（ハイムリッヒ）場所（豊かさによってそれを隠しておくことが求められる）」（「サムエル記上」五章六節）、「秘密の部屋（便所）」（「列王記下」一〇章二七節、またヴィーラントなど）。また「秘密の（ハイムリッヒ）椅子」（ツィンクグレーフ）、「墓穴に、秘密のうちに（ハイリムッヒカイテン）投げ込む」（同、ならびにロレンハーゲン）。「ラオメドンには秘密に（ハイムリッヒ）／雌馬を引きだした」（ビュルガー）。「残酷な主人には内密に、内緒で（ハイムリッヒ）、陰険で、悪意をもって向かうが、悩める友にはあけっぴろげで、遠慮せず、思いやりがあり、世話好きな」（ブルマイスター）、「わたしの内密な（ハイムリッヒ）もっとも神聖なものを教えよう」（シャミッソー）、「秘密の（ハイムリッヒ）術（魔術）」（同）、「公的な換気が行われなくなると、秘密の（ハイムリッヒ）陰謀が始まる」（フォルスター）、「自由とは、密かに（ハイムリッヒ）謀《たく》らむ人々の小声の合い言葉であり、公然と革命を起こす人々の声高な突撃の合図だ」（ゲーテ）、「聖なる秘密の（ハイムリッヒ）働き」（同）、「わたしには根がある／それは誰にも知られずに（ハイムリッヒ）地の深くに伸びている／わたしは根づいている」（同）、「わたしの秘密の（ハイムリッヒ）悪だくみ」（同）。これについては陰険さ（ハイムテュッケ）を参照のこと。

「彼がそれを良心的に、おおっぴらにうけとらないとしたら、破廉恥にもこっそりと（ハイムリッヒ）手に入れたいのかもしれない」（同）、「こっそりと（ハイムリッヒ）秘密のうちに（ゲハイムニスフォル）色収差《いろしゅうさ》のない望遠鏡を作らせた」（同）。「これからはわたしたちのうちに秘められたこと（ハイムリッヒ）はなくそうじゃないか」（シラー）、「誰かの秘め事（ハイムリッヒカイテン）を発見する、暴く、漏らす、内緒ごと（ハイムリッヒカイテン）をわたしの背後で企む」（アレクシス）、「当時は／誰もが内緒ごと（ハイムリッヒカイテン）に励んだものだ」（ハーゲドルン）、「秘密（ハイムリッヒカイト）と十八番はお手のもの」（インマーマン）、「この（隠された黄金の）秘密（ハイムリッヒカイト）のもつ無力な呪縛を／認識の手だけが解くことができる」（ノヴァーリス）。「お前は彼女をどこに隠したのか、どのような内密の（ハイムリッヒ）場所に隠したのか、言え」（シュレーダー）。秘密の（ハイムリッヒカイテン）城をこねて作る蜜蜂たちよ」（ティーク）、「稀なる秘術（ハイムリッヒカイテン）（魔術）を会得して」（シュレーゲル）。「秘密（ゲハイムニス）」（レッシング）と比較されたい。

合成語は（一）（c）項を参照のこと。とくに反対語のウンハイムリッヒは、「快くないもの」（ウンベハークリッヒェス）、「不安のうちに恐怖を刺激するもの」（バンゲス・グラウエン・エアレーゲント）である。たとえば「それは彼にとってはほとんど不安なもの（ウンハイムリッヒ）、幽霊のようなものに思われた」（シャミッソー）、「夜の不気味な（ウンハイムリッヒ）時刻」（同）、「わたしには前から不気味で（ウンハイムリッヒ）、恐ろしいものに思われた」（同）、「不気味な（ウンハイムリッヒ）気持ちになってきた」（グッコウ）、「不気味な（ウンハイムリッヒ）恐怖を感じた」（ハイネ）、「不気味で（ウンハイムリッヒ）石造のように硬直して」（同）、「不気味な（ウンハイムリッヒ）霧、煙霧と呼ばれる」（インマーマン）、「これらの青白い若者たちは不気味だ（ウンハイムリッヒ）、おそらく何かしら悪いことを企んでいるのだろう」（ラウベ）、「隠されているもの、秘められているべきものが表に現れることをすべて、不気味なもの（ウンハイムリッヒ）と呼ぶ」（シェリング）。「神的なものは隠しておくべきだ。ある種の不気味さ（ウンハイムリッヒカイト）をまとわせておくべきだ」（同）。カンペが根拠を示さずに語っているように、ウンハイムリッヒが（二）の反対語として使われた例は少ない。

ハイムリッヒとウンハイムリッヒ

この長い引用でわたしたちにとってもっとも興味深いところは、ハイムリッヒという語の意味にはさまざまに多様なニュアンスがあるものの、反対語のウンハイムリッヒと同じことを意味する場合があることである。「親しみのある」（ハイムリッヒ）が「不気味なもの」（ウンハイムリッヒ）になるのだ。グッコウの例をあげてみよう。「ぼくたちならそういうときには、ハイムリッヒではなく、不気味な（ウンハイムリッヒ）と言うけど、君はそれをハイムリッヒと言うのだね」。

だからこのハイムリッヒという語は一義的な語ではなく、二つの異なるイメージのグループを含むことに注意する必要があるわけだ。この二つのイメージのグループはまったく正反対というわけではないとしても、かなり異質なものである。片方は熟知したもの、快いものというイメージのグループであり、他方は隠されたもの、秘密にされているものというイメージのグループである。そしてウンハイムリッヒという語は第一のイメージのグループの反対語として使われるだけであり、第二のグループの反対語としては使われないのである。

ザンダースの辞書からは、この二つの意味のグループのあいだに、語の発生に由来する前後関係があるかどうかは理解できない。これについては引用されたシェリングの指摘に注目しよう。シェリングはウンハイムリッヒの概念の内容について、わたしたちの予期しないような、まったく新しいことを語っている。「隠されているもの、秘められているべきものが表に現れることをすべて、不気味なものと呼ぶ」というのである。

このようにしてわたしたちの疑念がかきたてられたのであるが、こうした疑念の一部は、ヤーコプ／ヴィルヘルム・グリムの辞典『ドイツ語辞典』（ライプツィヒ、一八七七年）の第四巻、第二分冊、八七四ページ以下の記載によって解決されるのである。

ハイムリッヒ。形容詞および副詞。ラテン語の「土着の」（ウェルナクルス）、「隠された」（オクルトゥス）。中高ドイツ語ではハイメリッヒ、ハイムリッヒ。八七四ページ。いくらか異なる意味では「わたしにとって心地好い（ハイムリッヒ）、気持ち良い（ヴォール）、恐れがない（フライ・フォン・フルヒト）。

（b）ハイムリッヒはさらに、幽霊じみたものが存在しない場所を指す。……八七五ページ。（β）熟知した、友好的な、信頼できる。

（四）「馴染みのあるもの」（ハイマートリッヒ）や「家庭的なもの」（ホイスリッヒ）という語から、「他人の目に触れないもの」「隠されたもの」「内密のもの」という概念が生まれ、それがさらに複雑な関係を構築していった。……

八七六ページ。

「湖の左手に／草原が林の中に、人目にふれずに（ハイムリッヒ）横たわっている」（シラー『ヴィルヘルム・テル』第一幕、第四場）。

……自由に使われており、近代の用語の例としては異例である。……ハイムリッヒは隠す動作を示す動詞と対応している。「主はわたしを……幕屋の奥深くに（ハイムリッヒ）隠してくださる」（「詩編」二七章五節）……人体の隠された（ハイムリッヒ）ところ、恥部（プデンダ）、……「死を免れた人々も隠し（ハイムリッヒ）どころを打たれた」（「サムエル記上」五章一二節）。

（c）国事において重要で秘密を保つべき提案に関与する人々を、枢密顧問官（ハイムリッヒェ・レーテ）と呼ぶ。この形容詞は現在の用語法では、ゲハイム（この語の項を参照）を使うことになっている。「（ファラオはヨセフに）ツァフェナト・パネア（ハイムリッヒ・ラート）という名を与え」（「創世記」四一章四五節）。

八七八ページ。（六）認識という側面ではハイムリッヒという語は、「神秘的、アレゴリー的な」という意味をもつ。この秘密の意味は、ラテン語では「神秘的な」（ミュスティクス）、「神的な」（ディウィヌス）、「隠された」（オクルトゥス）、「比喩的な」（フィグラトゥス）に相当する。

八七八ページ。（七）これとは別にハイムリッヒは、次のように認識されないもの、意識されないものを意味する。……

さらにハイムリッヒは探求しても見通すことができない閉じられたものを意味することがある。……

「君は気づいたかね？ 彼らはわたしを信用していない／フリートラント侯の隠された（ハイムリッヒ）顔を恐れているのだ」（シラー『ヴァレンシュタイン』陣営の場、第二幕）。

（九）前の項で示した「隠されたもの、危険なもの」という意味がさらに発展して、このハイムリッヒという語はやがて、ふつうはウンハイムリッヒ（ハイムリッヒの派生語。三b、八七四欄参照）がもっている意味をそなえるようになった。「わたしはときおり自分が、夜中に徘徊したり、幽霊の存在を信じている人間のような気がする。

どの片隅もわたしには不気味で（ハイムリッヒ）恐ろしい」（クリンガー『戯曲集』三・二九八）。

このように「親しみのある」（ハイムリッヒ）という語は、ある種の両義性のもとでその意味を発展させたのであり、やがては反対語である「不気味な」（ウンハイムリッヒ）と同じ意味をもつようになったのである。こうしてウンハイムリッヒはある種のハイムリッヒということになった。このことを、まだ詳しく解明されていないシェリングのウンハイムリッヒなものの定義と関連づけてみよう。ウンハイムリッヒの個々の事例を詳しく考察することで、これが何を意味しているのか、明らかになるだろう。

第二節［事例研究］

不確実さという仮説

次に［第二の道として］わたしたちのうちに、不気味なもの（ウンハイムリッヒなもの）の感情を、きわめて明確に、しかも強く呼びさましうるような人物と事物、印象、出来事、状況などを吟味してみよう。その語の研究のためには、何よりも適切な実例を選択することが必要であろう。E・イェンチュは不気味なものの卓越した実例として「外見からすると生きているように見えるのに、生きているかどうかが疑問に感じられるもの、その反対に、生命のないように見えるものが、生きているのではないかという疑問を呼びさますもの」を挙げており、具体的な実例として、蠟人形、精巧な人形、自動機械《アウトマット》が引き起こす印象を挙げている。

さらにこうした印象の一つとして、癲癇《てんかん》の発作や狂気の現れの不気味さを含めているが、それはこうしたものを見た人々のうちに、生命あるものとして馴染んでいるイメージの背後に、自動的な（機械的な）プロセスが隠されているかもしれないという予感を生むからである。わたしたちはイェンチュのこうした説明に完全に納得するものではないが、それでもこれを手掛かりにして考察してみることにしよう。彼は、他のいかなる作家よりも、不気味な効果を作りだすのに長けている作家に注意を促しているからだ。

イェンチュはこの文章で、以下のように語っている。「物語において、すぐに不気味な効果を作りだせるもっとも確実な技巧の一つは、ある人物を描いて、それが生きている人間なのか、自動機械なのかが読者によく分からないようにしておく手法だ。しかもこの不確実さに、直接に注目が集まらないようにしておくのだ。そうすれば読者はすぐに調べて、明確にしようとは思わないだろう。これが明確になったのでは、すでに指摘したように、特別な感情的な効果が消失してしまうからである。E・T・A・ホフマンは、彼の幻想小説のうちでこの心理的な操作を繰り返して、大きな成功を収めた」。

この指摘は正しいのであり、とくにホフマンの小説『小夜物語』に収録されている「砂男」にあてはまる（グリーゼルバハ版『ホフマン全集』第三巻）。オッフェンバックのオペラ『ホフマン物語』の第三幕に登場する人形オリンピア［オペラではオランピア］という役柄はこの物語を参考にしたものである。しかしこの小説をお読みになった方なら同意してくださると思うが、この小説の比類のない不気味さを生みだす効果を発揮しているのは、生きているかのようにみえるこの人形オリンピアのモチーフだけではないし、その効果についてはオリンピアよりも重要なモチーフが存在することを指摘せざるをえない。また作者がオリンピアのエピソードをかなり風刺的なものとしていることや、主人公の若者が恋愛を過大評価することを嘲笑する目的でオリンピアが使われていることも、不気味なものという効果には逆作用しているのである。この物語の中心となっているのはもっと別のモチーフであり、このモチーフがこの短編のタイトルに使われているのだけでなく、物語の決定的なところで繰り返し登場するのである。それは子供の眼球を取りだす砂男のモチーフである。

ナターニエルの少年期の体験

この幻想的な物語の最初で、学生ナターニエル［ホフマンの原文ではナターナエル］は自分の少年時代の思い出を語っている。この学生は現在は幸福に暮らしているものの、愛する父親の謎めいた恐ろしい死と結びついた思い出を、どうしても忘れることができないのである。幼い頃、決まった晩になると、母親は「砂男が来ますよ」と脅して、ナターニエルを早めにベッドに追いやったものだった。そうすると実際にいつも、訪問者の重い足音が聞こえてきて、父親は一晩中この訪問者につき合わされるのである。母親に砂男について尋ねると、そんなのはお伽話の人物で、ほんとうはいませんよと答えるのだった。しかし乳母はもっと詳しい話を知っていたのである。「砂男は悪い奴でね、子供たちがなかなかベッドに入らないと、やってきて子供たちの眼に両手いっぱいの砂を投げ込むのですよ。そして両眼が血だらけになって顔から飛び出すと、それを袋にいれて、半分欠けた月にある家にもって帰って、自分の子供たちに食べさせるのです。子供たちは半分欠けた月の巣の中に座っていて、梟のように嘴《くちばし》が曲がっているのです。その曲がった嘴で、言うことを聞かない子供たちの眼球をついばんで食べるのです」。

幼いナターニエルも、それなりの年齢で分別もあったので、砂男という人物の「眼を取りだすという」恐ろしい逸話をそのまま信じることはなかったが、砂男への不安だけはいつまでも彼のうちに根づいていた。そこで砂男はどんな様子をしているのか知りたいと思い、砂男がまたやってくるはずの晩に、父親の書斎の隅に隠れていたのである。そして父親を訪問してきた人物は、弁護士のコッペリウスであることをつき止めた。これは、ときどき昼食に呼ばれていた嫌らしい人物で、子供たちに嫌われていたのである。このコッペリウスがあの恐ろしい砂男だと分かったわけである。

作者は、読者が読んでいるこの場面が、不安に駆られた少年を襲った最初の妄想にすぎないのか、それとも物語の中で実際に起きた出来事なのか、よく分からないように、わざと曖昧な書き方をしている。父親と客は、真っ赤な炎が燃える暖炉のところで、何かやっている。部屋で盗み聞きをしていた少年は、コッペリウスが「目玉《アウゲン》よ、でてこい《ヘア》、目玉よ、でてこい」と言うのを聞いて叫び声をあげ、隠れているのがみつかってしまう。コッペリウスは少年をつかまえて、炎の中から真っ赤にやけた火の粒を取りだして、少年の眼球にふりかけようとする。そうして眼球を取りだして暖炉の中に投げ込もうというのである。父親は子供の眼球を取らないでくれと頼む。そこで少年は深く失神してしまい、長いあいだ床につくことになる。これまでが少年期の体験である。

　少年のこの幻想を合理的に解釈しようとする人なら、そこに乳母の語った物語の影響が残っていることは、見逃さないだろう。砂粒ではなく焼けた火の粒が使われるとしても、どちらも子供の眼球を取りだすために利用される。そして一年後に砂男がふたたび父親を訪問した際に、仕事場で爆発が起こり、父親は死亡するのである。そのあと弁護士コッペリウスは、現場にいかなる痕跡も残さずに、消え去っていたのだった。

学生ナターニエルの運命

さて学生になったナターニエルは、眼鏡を行商しているイタリア人ジュゼッペ・コッポラのうちに、少年の頃に恐れていたあの砂男が潜んでいることに気づくことになる。大学都市でコッポラはナターニエルに晴雨計を売りつけようとするが、すげなく断られると「おや、晴雨計はいらないとね、晴雨計はいらないとね！　それじゃ、綺麗な目ん玉はどうです、綺麗な目ん玉は」と言い始める。ナターニエルは驚愕するが、商人が取りだした「目ん玉」というのが、ごくありきたりの眼鏡だったので、恐怖は和らいだ。

結局のところ、ナターニエルはコッポラから小さな望遠鏡を買うことになった。それで通りの向かいのスパランツァーニ教授の住居を覗き見してみたのである。そしてそこに、美しく、謎めいたほどに寡黙で、身動《みじろ》ぎもしない娘オリンピアの姿をみいだした。彼はすぐにこの娘を激しく恋するようになり、「故郷に」賢くて真面目なフィアンセがいたことをすっかり忘れてしまう。しかしオリンピアは実は自動機械《アウトマット》だったのであり、身体を動かす歯車装置はスパランツァーニ教授が作り、眼球は砂男のコッポラが嵌《は》めこんだのだった。

学生のナターニエルは、この二人の巨匠《マイスター》が自分たちの作りあげた作品について言い争っている場に来合わせた。眼鏡屋が、眼球のない木の人形を抱えて立ち去ってしまい、機械仕掛けを作ったスパランツァーニは、床にころがっていた血塗れのオリンピアの二つの眼球をナターニエルの胸に投げつけて、この眼球はコッポラがお前から盗んだのだと言うのである。(5) ナターニエルはふたたび狂気の発作を起こす。錯乱のうちに父親の死の記憶が、現在の新たな印象と結びついたのである。「おお！　おお！　おお！　火の輪、火の輪！　回れ回れ、火の輪、元気に、元気に回れ！　木の人形、おお、綺麗な木の人形、回れ回れ」と叫びながら、オリンピアの〈父親〉である教授に飛び掛かって、絞め殺そうとするのである。

その後、ナターニエルは長く重い病気からやっと恢復したようだった。そしてよりを戻したフィアンセ「のクララ」と結婚することを考えていた。ある日、二人で町を散歩していた。市場には、背の高い市役所の塔が巨人のような長い影を投じていた。娘はナターニエルに、塔に登ってみましょうと提案する。一緒にいた娘の兄は、下で待っていると言う。二人が塔に登ると、何かが通りをやってくるような奇妙な様子が、娘クララの注意をひいた。ナターニエルは、コッポラから買った望遠鏡をポケットにいれていたので、これで眺めてみる。すると新たな狂気の発作がナターニエルを襲い、「木の人形、回れ、回れ」と叫びながら、クララを塔から突き落とそうとする。彼女の叫び声で気づいた兄が登ってきて、妹を助けて、塔から降りる。塔の上では荒れ狂ったナターニエルが「火の輪、回れ回れ」と叫んで走り回っている。この言葉の由来はわたしたちには明らかだろう。塔の下に集まった人々の中には、弁護士コッペリウスの姿がはっきりと見える。突然、彼がふたたび姿を現したのだ。ナターニエルが狂気の発作を起こしたのは、弁護士が近づいてくるのを見たからだと考えることができるだろう。人々は荒れ狂うナターニエルを抑えるために塔に登ろうとするが、コッペリウスは笑って言う[*3]――「お待ちなさい、自分で降りてきますから」。ナターニエルは急に立ち止まり、コッペリウスの姿に気づき、鋭い声で「そうだ、〈綺麗な目ん玉！ 綺麗な目ん玉！〉」と叫び、手摺《てすり》を越えて下に落ちてしまう。そして舗道の石に頭を打ちつけて死んでしまうと、もはや砂男は、ごった返す人々のあいだに姿を消していた。

不気味さと「知的な不確実さ」

この短い要約からも明らかなように、不気味なものという感情が生まれた直接の原因が砂男の姿にあること、そして眼球を奪われるという観念と結びついているのであって、イェンチュが指摘したような知的な不確実さなどは、この効果とはまったく無関係であることは、疑問の余地のないことだろう。たしかに人形のオリンピアは、ほんとうに生きているのかどうかは疑問ではあるが、不気味なものの効果をもっとも強く示している砂男と眼球については、このような疑問はまったく問題にならない。たしかに作者は読者のうちに、最初はある種の不確実さを作りだす。語られていることが現実の世界の出来事なのか、作者好みの幻想の世界の出来事なのかが、最初は（意図的に）分からないようにしてあるからだ。しかし作者というものは、そのどちらでも選ぶ権利があるのであって、精霊や悪霊や幽霊がうごめく世界を小説の舞台として描こうとも（たとえばシェイクスピアの『ハムレット』や『マクベス』のように、また別の意味では『テンペスト』や『真夏の夜の夢』のように）、わたしたちは作者の好むままにまかせるしかない。そしてわたしたちが物語を読みふけっているあいだは、作者が物語る世界を、現実の世界とみなすしかないのである。

しかしホフマンが物語を進めるうちに、この疑問は消滅する。作者はわたしたちに、デモーニッシュな眼鏡屋の眼鏡や望遠鏡を通じて世界を眺めさせていることに気づく。作者みずから、こうした眼鏡や望遠鏡を使って世界を覗いていたらしいのである。物語の結末がそのことを明らかにしている。眼鏡屋のコッポラは、実は弁護士のコッペリウスであったこと、すなわち砂男であったことが明らかになっているからだ。

ここでは「知的な不確実さ」はまったく問題にならない。わたしたちが読んでいるのが、狂者が幻想のうちで描いた像ではないことは明らかである。だから合理主義的な優越感に基づいて、このような幻想の背後に真面目な事態を解読しようとしても意味のないことである。こうした解読によっても、この物語の醸しだす不気味さの印象はいささかも薄れない。だから知的な不確実さという説明は、この不気味さの効果を理解するためには、まったく役立たない。

眼球喪失の不安と去勢コンプレックス

ところが精神分析の経験からわたしたちは、自分の眼球が傷つけられるのではないか、目を失うのではないかという恐ろしい不安を感じる子供たちがいることを知っている。大人になってもこのような不安を引きずっている人もいて、こうした人は他のどの器官よりも、眼球を傷つけられることを恐れるのである。「あるものを自分の瞳のように大切に守る」という慣用表現もあるくらいである。[6] 精神分析によって夢や空想や神話を研究した結果、眼をめぐるこの不安、盲目になるのではないかという不安は、しばしば去勢不安に代わるものであることが明らかになっている。神話で［父親殺しの］罪を犯したオイディプス王は、みずから眼を突いて盲目になるが、これは［父親殺しの］同害報復刑《タリオ》によって定められていた去勢の罰を軽減したものにほかならない。

　合理主義的な考え方をする人なら、眼を失うことへの不安は去勢不安によるものだという説明を拒みたくなるかもしれない。眼はきわめて大切な器官であるから、これを失うことに大きな不安を抱くのはごく当然だと考えたくなるものである。さらにこの考え方を進めて、去勢不安の背後には、何も深い謎や別の意味などは隠されていないと主張することもできるだろう。しかしそのように考えていたのでは、夢や空想や神話のうちでは、男性の器官［ペニス］と眼球の間に代替関係が存在していることを説明できない。それに性器［ペニス］を切り取るぞという脅しが、きわめて強く、暗い感情を引き起こすのであり、他の器官を失うことにたいする「不安の」気持ちにも、この感情が余韻を与えているのは、否定できない。神経症の患者の分析によって「去勢コンプレックス」の詳細な内容を学び、このコンプレックスが患者の精神生活にきわめて大きな役割をはたしていることを知ったならば、このコンプレックスについてのいかなる疑問も解消するのである。

しかし精神分析の理論に反対する人が、眼球を失う不安と去勢コンプレックスはまったく関係のないものであることを主張するために、ホフマンのこの「砂男」の小説を引き合いにだすとすれば、わたしは「それはおやめなさい」と忠告するだろう。というのもそうした主張では、この小説で眼を失うことの不安が、父親の死ときわめて内的に結びついている理由を説明できるだろうか？　砂男がつねに主人公の愛を邪魔する人物として登場する理由を説明できるだろうか？

砂男はまず、この不幸な学生とフィアンセのクララとの仲を割き、親友だったクララの兄との仲を割く。次に砂男は学生ナターニエルの第二の愛の対象である美しい人形オリンピアを破壊する。最後にふたたびフィアンセとなったクララと幸福な結婚生活にはいろうとする直前に、ナターニエルを自殺へと追いやるのである。この事実も、物語のその他の多くの細部も、眼を失う不安と去勢との結びつきを否定すると、たちまち恣意的で無意味なものとなってしまう。反対に砂男が、去勢するはずの恐ろしい父親の代理だと考えると、きわめて興味深いものとなるのである。[*4]

少年の願望と不気味なもの

だからわたしたちとしては、砂男の不気味さは、少年の去勢コンプレックスの不安によって生まれるのだと考えることにしよう。そして不気味さの感情が発生するためには、このような幼児的な要素が存在している必要があると想定してみよう。するとすぐにこの想定を、不気味なもののその他の実例にも適用してみたくなる。砂男の実例では、イェンチュが指摘したように、生きているかのようにみえる人形というモチーフが存在していた。イェンチュは、あるものが生きているのかどうかについて、知的な不確実さが呼びさまされることが、不気味なものという感情が生まれるためにもっとも好ましい条件であり、生きていないものが、生きているものと類似しているときに、この感情がとくに生まれやすいと主張しているのである。

ところでわたしたちが人形を相手にするときには、子供時代とそれほどかけ離れた状態にあるわけではない。幼年期でも、遊戯をするようなごく早い時期には、生きているものと生きていないものをそれほど厳密には区別しないものである。そして自分の人形を、まるで生きているかのように扱うのを好むものだ。ある女性の患者の話によると、彼女は八歳になってもまだ、ある仕方で（おそらく突き刺すように鋭いまなざしで）人形を眺めていれば、きっと生きて動くようになるに違いないと確信していたという。だからこの［オリンピアという人形の］要素にも、［ナターニエルの］幼児的な要素が存在していることはすぐに証明できる。しかし砂男で注目すべきところは、幼年時代の古い不安が呼びさまされていることなのであって、生きている人形についての不安は生じていない。少年は自分の人形が生きていることを恐れていないのであって、おそらく生きていることを望んですらいるのである。

だからここで生まれている不気味なものという感情の源泉は、少年の不安にあるのではなく、少年の願望に、あるいは少年の信念だけにある。矛盾しているようにみえるかもしれないが、これはおそらく錯綜した感情の現れなのであって、わたしたちの今後の理解を促進してくれるものなのである。

ドッペルゲンガー

小説でこの不気味なものを描かせたら、E・T・A・ホフマンは比類のない巨匠である。彼の小説『悪魔の霊薬』は、不気味なものの効果をもたらすさまざまなモチーフに満ちた物語である。この小説の内容は、ここで要約するにはあまりに豊富で錯綜している。物語の最後で、それまで読者には隠されていた物語の筋の前提があらわにされるが、その結果は読者を理解させ、納得させるものではなく、完全な混乱のうちに投げ込むものである。作者はあまりにも同じような種類のものを積み重ねすぎたのである。それによって全体の印象が損なわれるわけではないものの、理解することが困難になる。

わたしたちはここでは、不気味な印象をあたえるそれぞれのモチーフのうちでも、もっとも強い印象を与えるモチーフをとりだして、こうしたモチーフがやはり幼年期の源泉から生まれたものかどうかを探求することで、満足することにしよう。これはドッペルゲンガー（分身）のモチーフであり、それがさまざまなニュアンスとイメージで登場する。このモチーフでは、外見が同一であるために、二人の異なる人物を同一人物とみなさざるをえなくなるのである。片方の人物の考えていることから他方の人物の考えていることに飛び移るため（これは一般にテレパシーと呼ばれている）、片方の人物のもつ知識、感情、体験を、他の人物も共有するようになる。そのために同一視がさらに強められる。そして片方の人物が他の人物と同一化してしまうために、みずからの自我のありかについて誤った判断を下したり、みずからの自我のうちに、知らない人物の自我が入り込んだりするようになる。すなわち自我の二重化、自我の分割、自我の交換が起こるのである。そして最後には、同じことがたえず反復され、よく似た顔付き、性格、運命、犯罪行為が反復され、幾世代にもわたって同じ名前が反復されるようになる。

このドッペルゲンガーのモチーフは、オットー・ランクの同名の論文において詳細に検討されている*5。この論文ではドッペルゲンガーと鏡像や影の像との関係、守護神との関係、霊魂論との関係、死の不安との関係について考察されているが、さらにこのモチーフの驚くべき発展の歴史についても、光があてられている。ドッペルゲンガーというのはそもそも、自我の消滅を防ぐための防衛機構であり、「死の威力を決然として否認すること」（オットー・ランク）だったのである。どうやら「不死の」霊魂こそが、肉体の最初のドッペルゲンガーだったらしい。肉体が消滅することにたいする防衛として、このような二重化［としての霊魂］が創造されたのであり、夢の言語の中にも、それに対応するものがみいだされる。夢の言語では、性器のシンボルを二重にし、複数にすることによって、去勢［への防衛］を表現したがるのである。この創造行為は、古代エジプトの文化において、永続する［ミイラの］素材のうちに死者の面影を象っておく技術を発展させた原動力となったのである。

これらのさまざまな観念は、限りのない自己愛、原初的なナルシシズムを土台として生まれてきたものであり、こうしたナルシシズムこそが、原始的な社会に住む人々や子供たちの精神生活を支配しているのである。そしてこのナルシシズムの段階が克服された後には、ドッペルゲンガーの前兆としての形も変化して、かつては永続する生を保証するものだったのが、今では死の不気味な前触れとなったのである。

ドッペルゲンガーの観念は、この原初的なナルシシズムとともに没落するとはかぎらない。この観念は自我のその後の発展段階から、新たな内容を獲得することができるからである。自我が発展するとともに、自我のうちに次第にある特別な審級が発生してきて、自我のその他の部分と対立しうるようになる。この［超自我という］審級は、自己を観察し、自己を批判することによって、心的な検閲の仕事を遂行するのであり、わたしたちの意識にたいして「良心」として現れてくるものである。注視妄想が病的なものとなったケースでは、この審級が孤立して自我から分離されて、医者が気づくような症状になる。

このような審級が存在していて、残りの自我をまるで対象のようにとりあつかうことができるという事実は、人間に自己観察の能力があることを示すものである。これによってドッペルゲンガーの観念に新たな内容をもち込めるようになる。この自己批判の能力にとって、原始時代に属するもの、あるいはすでに克服された古いナルシシズムに属するようにみえるすべてのものを、この古いドッペルゲンガーの観念にあらためて割り当てることが可能となるのである。[*6]

しかしドッペルゲンガーの観念のうちに姿をみせることができるのは、この批判的な自我にとって不快な内容だけではない。実現されることのなかった運命形成のあらゆる可能性も（自我は空想によってこうした可能性にまだ固執しているのである）、外的な不運のために実現できなかった自我のすべての欲求も、あらゆる抑圧された意志決定も（意志の自由という錯覚はここから生まれる）、このドッペルゲンガーの観念のうちに姿をみせることができるのである。[*7]

心的な原始時代に由来するもの

しかしこのように、ドッペルゲンガーを登場させる明確なモチーフについて考察してくると、明らかになることがある――ドッペルゲンガーにはきわめて強い不気味さがつきまとっているのに、こうしたモチーフのどれもその理由を説明できないのである。そして病んだ心のあり方について精神分析でえられた知識に基づいて判断するならば、このようなモチーフではどれも、自我の内部から何か異質なものをドッペルゲンガーに投影する自我の防衛の営みを説明できないのである。

ドッペルゲンガーに不気味なものという性格がそなわっていることから考えると、これが心的な原始時代に形成された像であって、それが生まれた当時には、きわめて親しいものという意味をもっていたが、この像はやがて克服されていったとしか思えない。信仰が失われると、神々が悪魔になったように、（ハイネ『流刑の神々』[7]）、ドッペルゲンガーは恐ろしいもののイメージになったのである。

ホフマンの小説ではそのほかにもさまざまな自我の障害が登場するが、これらはドッペルゲンガーのモチーフを手本にすれば、すぐに解釈できる。これらの自我の障害は、自我感情の発達の歴史における個別の段階に逆戻りすることによって生まれたものであり、自我が外界やその他の自我と明確に区別されていなかった時代に退行することなのである。わたしは、これらの［自我障害の］モチーフが、不気味なものという印象を生みだす上で寄与していると思うが、この不気味なものという印象のうちのどの部分が、こうしたモチーフによるのかを示すのは、たやすいことではない。

反復と不気味なもの

ここで、同じような事態が繰り返されることが、不気味なものという感情の源泉にあると指摘しても、すべての人の賛同はえられないかもしれない。わたしの観察したところでは、一定の条件が満たされ、しかも特定の状況が結びついた場合には、こうした同じような事態の反復は、必ず不気味なものという感情を呼びおこすのであり、これはさらに多くの夢で感じられる〈寄る辺なさ〉の感情を想起させるものでもある。

かつてわたしはある夏の暑い日の午後に、イタリアの小さな都市で、人気《ひとけ》のない見知らぬ通りを散歩していてある区画に入り込んだが、そこがどのような性格の場所であるかは、すぐに分かった。小さな家々の窓に、化粧した女性たちが姿をみせていたのである。わたしは歩みを速めて、次の角で曲がって、その狭い通りから立ち去った。ところがあてどもなしにしばらく歩いていると、ふたたび同じ通りにやってきたことにとつぜん気づいたのだった。ふたたび訪れたことでわたしの姿が注目を集め始めていたので、急いでそこを立ち去ったのだが、別の回り道をした結果、三度も同じ通りに入り込んでしまったのである。そのときにとらわれた感情は不気味なものとしか言いようのないものであった。わたしが探訪の旅をやめて、最初の広場に戻ったときには、ほっとしたものだった。

これとは違う状況であっても、意図せずに同じところに戻ってしまうというところが共通していれば、ほかの点は根本的に違っていても同じように〈寄る辺なさ〉と不気味なものという感情を引きおこすものである。たとえば深い森の中で霧に包まれて道に迷い、なんとかして道標のある道か、知っている道に戻ろうとしても、特有な地形ですぐにそれとわかる場所にいつも戻ってしまうような場合である。あるいは見知らぬ真っ暗な部屋で、方向が分からなくなり、ドアや照明のスイッチを探しながら、何度も同じ家具にぶつかるような場合である。マーク・トウェインはある作品でこうした状況をグロテスクなまでに誇張して(8)、堪え難いほどに喜劇的に描いてみせた。

これとは異なる一連の経験からすぐに明らかになるのは、意図せずに反復するという要素のために、ふつうであればなんの害もない事柄が不気味なものとなること、そしてふつうならたんなる「偶然」と片づけてしまうはずのものなのに、それが命取りとなるもの、どうしても逃れられないものであるという観念に襲われることがあるということである。たとえばある日、クロークに預けた外套の番号札の番号が六二だったとしよう。あるいは割り当てられた船室の部屋番号が六二だったとしよう。これはそれだけでは取るに足らぬ経験である。しかしまったく関係のないこれらの二つの出来事が次々と起こって、さらに同じ日のうちにこの六二という番号に何度も出会うとしよう。あるいは数字のついているすべてのもの、住所とか、ホテルの部屋番号とか、列車の車両番号などに同じ六二という数字がついているか、少なくとも一部がみな六二だったとしよう。そうするとこうした「偶然という」印象はまったく違ったものとなってくるのである。

そこに「不気味なもの」を感じるのであり、迷信の誘惑を断固として徹底的に退ける人でないと、この六二という特定の数が執拗に反復して現れることに、ある隠された意味を読みとろうとしたくなるものである。たとえば六二という年齢で、自分は死ぬのではないかなどと考え始めるのである。あるいは、偉大な生理学者であるE・ヘーリングの著作を読んでいるときに、わずか数日のうちに、ヘーリングという署名で、それぞれ違う国に住む、それまでまったく知りもしなかった二人の人から手紙をもらったりすると、同じような気持ちになるのである。最近ある才能のある自然科学者が、このような種類の出来事に一定の法則があるのではないかと調べ始めた。不気味なものという印象を解消することができるかもしれないと考えたのだが、それが成功するかどうかは、わたしには分からない。[*8]

反復強迫と不気味なもの

同種のものの反復が不気味さという印象をもたらすのは、幼年期の精神生活のためであることを、ここでは示唆しておくにとどめて、わたしが別の文脈でこれに関連して詳細に研究していることを指摘しておきたい。(9) 心の無意識のうちでは、欲動の動きによって生まれた反復強迫が支配しているのである。これは欲動のもっとも内的な本性から生まれるものであって、快感原則を超越してしまうほど強いものであり、精神生活の特定の側面にデモーニッシュな性格を帯びさせるものである。これは幼児のさまざまな行為のうちにきわめて明瞭に表現されるものであり、神経症患者の精神分析の経過の一つの段階を支配しているのである。そしてこれまでの説明から考えても、この心的な反復強迫を想起させうるものはすべて、不気味なものとして感じられることを指摘したいのである。

しかしこの問題はいずれにしても判断しにくいものであるため、ここで深入りすることは避けて、不気味なものであることが疑問の余地のないほどに明確な事例をあげるべき時だと思う。こうした事例を分析することで、わたしたちの想定が妥当なものであることが、決定的に示されると期待できるからである。

不幸な予感の的中

［神話の］「ポリュクラテスの指輪」[10]では、［エジプト王の］客は恐怖に襲われて王［ポリュクラテス］のもとを立ち去る。王のすべての願いがただちに満たされ、王のすべての懸念が運命によってただちにとり除かれたからである。客にとって王が「不気味な」ものとなったのである。客は「あまりに幸運な者は、神々の嫉妬を恐れねばならない」と自分につぶやくが、これはわたしたちにはまだよく理解できないし、その意

味するものには神話のような謎のヴェールがかかっている。

そこでわたしたちはもっとわかりやすい状況から、別の事例をとりあげて考察することにしよう。一人の強迫神経症の患者の病歴において、[*9] この患者がある水浴治療施設に滞在していたときに、病が著しく改善したと語ったことを記録したことがあった。しかしこの患者は賢くて、病が改善したのは水の治癒力によるものではなく、病室の位置によるものだと語っていた。かわいい看護婦の部屋のすぐ隣の部屋だったのである。患者が二度目にこの施設を訪れたときにも、その同じ部屋に宿泊したいと望んだのだったが、その部屋にはすでにある老人が宿泊していると、断られたのだった。そこで患者は、「そんなやつは卒中の発作でも起こすがいい」と不満をこぼした。それから二週間後に、その老人は実際に卒中の発作を起こした。わたしの患者にとってはこれは「不気味な」体験だった。

患者が不満をこぼしてから老人が発作を起こすまでの時間がもっと短ければ、あるいは患者が同じような体験をもっと数多く証言することができれば、不気味さの印象はさらに強かったに違いない。実際に患者はこのような体験には事欠かなかったのである。そしてこの患者だけではなく、わたしが分析したすべての強迫症の患者は、同じような逸話を語ることができたのだった。強迫症の患者は、しばらく前に（おそらくかなり長く会っていなかったのだろう）思い浮かべていた人物に、見計らったように出会っても、まったく驚いたりはしないものである。彼らは前の晩に「あの人のことはずいぶん耳にしないなあ」と語っていた人物から、翌朝に手紙が届くようなことを多く経験していたのである。とくに不幸な出来事が起こる場合や死亡の場合には、その直前にこうした出来事について、念頭にそうした思いがよぎっていることも稀ではなかったのである。このようなことがあると、彼らはその「予感」を感じたし、それが「多くの場合は」的中するものだと、控え目に表現するのだった。

思考の万能

迷信のうちでももっとも広範にみられ、もっとも不気味であるのは、「邪視」についての不安であり、これについてはハンブルクの眼科医のS・ゼーリヒマンが詳細に研究している。[*10] この不安が生まれた源泉については、これまでいかなる誤解もなかったようである。高価で壊れやすいものを所有している人は、他人の嫉妬を恐れて、自分が他人だったら感じるはずの嫉妬を、他人に投射することがある。こうした心の動きは言葉で語られなくても、まなざしで表現されるものである。

そしてある人に目立つ特徴がある場合、とくに望ましからぬ種類の特徴をそなえていて人目を引くような場合は、そうした人の抱く嫉妬心はきわめて強いものになるだろうし、その強さが行動に示されるだろうと、他人は考えるものである。そしてそうした人物が［自分に］害を加えようという隠された意図をもっているのではないかと、その人を恐れるようになる。やがては特定の兆候を眼にしただけで、この意図が実現される力をもつのではないかと、考えるようになるのである。

不気味さについて述べたこの最後の事例は、ある患者の提案にしたがって[11]、わたしが「思考の万能」と名づけた原則にしたがうものである。これについてわたしたちが立っている土台がどのようなものであるかは、もはや誤認の余地はないだろう。不気味なものの事例の分析によってわたしたちは、アニミズムという古代的な世界観へとふたたび導かれるのである。アニミズムの特徴を列挙してみると、世界を人間の霊魂で充満させること、みずからの心的な出来事をナルシシズムを通じて過大評価すること、思考の万能を信じること、これに基づいて呪術の技術を利用すること、慎重に段階づけた魔法の力を他人や事物（マナ）に割り当てること、そして現実が主体のナルシシズムに抗議するかのように実際の事実をつきつけてきたとしても、まだ発展段階にある無制限のナルシシズムが、これに抵抗するためにあらゆる種類のものを創造することなどである。

わたしたちは誰もが、個人としての発達段階において、原始人のアニミズムに相当する時期を経験してきた。このアニミズムの段階がわたしたちのうちにさまざまな残滓や痕跡を残しているのであり、それはときにふれて必ず外に現れてこざるをえないのである。そして成人したわたしたちが「不気味なもの」と感じるすべてのものは、このアニミズム的な心の能力の残滓にかかわり、これを表現する刺激となる条件を満たしているようである。[*11]

不気味なものについての二つのテーゼ

さてここで、この〈不気味なもの〉についての小さな研究の本質的な内容を提示する二つのテーゼを示してみたいと思う。第一に、精神分析の理論では、感情の動きに含まれるすべての情動は、それがどのような仕方で行われるかは別として、抑圧によって不安に変わると想定している。この〈不安なもの〉のうちには、抑圧されたものが回帰して現れるような一群の不安が含まれているに違いない。この種の不安なものこそが〈不気味なもの〉である。その不安が最初から不安なものだったのか、それとも別の情動から生まれた［もので、それが抑圧されることで不安になった］のかは、問題とはならないのである。

第二に、これが〈不気味なもの〉の隠された特性だとすると、言語の慣用において、ハイムリッヒなもの（親密なもの）がその正反対のウンハイムリッヒなもの（不気味なもの）に移行する理由も理解できるというものである［本書一四五ページ以下］。というのもこの不気味なものとはもともとは新しいものでも異質なものでもなく、精神生活にとって古くから馴染みのものであり、ただ抑圧プロセスのために、疎遠なものになっていただけだからである。この抑圧との関係を理解することによって、シェリングの定義、すなわち不気味なものとは、隠されているべきものが外に現れたものであるという定義の意味が明らかになる。

さて次に、このようにして獲得された洞察を、不気味なものについてのいくつかの事例の説明に適用してみて、その正しさを検討してみることにしよう。

不気味なものと死者

多くの人々にもっとも不気味に思われるのは、死、死体、死者の再来、そして精霊と幽霊などにかかわる事柄だろう。すでに指摘したように〔本書一三五ページ〕、多くの近代語ではドイツ語で「不気味な家」（ウンハイムリッヒェス・ハウス）という語を、〔不気味なという語がないので〕「幽霊のでる家」と言い換えるしかないのである。わたしたちはこの研究を、もっとも不気味さの強い死にまつわる事例から始めることもできただろうが、それは避けたのだった。というのも、死にまつわる事例では、不気味なものが〈ぞっとするようなもの〉と混同されることが多く、部分的にはそれによって覆い隠されてしまうからである。

しかし死にまつわるこの領域ほど、わたしたちの思考と感情が、遠い原始時代からほとんど変化していない領域はない。この領域では古いものが、薄い膜に覆われただけで、そのまま保持されているのである。このように古いものがそのまま保持されてきた理由を明らかにするには、次の二つの点を考えてみるべきだろう。一つはわたしたちの根本にある死への感情反応がきわめて強いものだったことであり、もう一つは科学的な知識が不確実だったことである。生物学もまだ、死がすべての生物にとって不可避な宿命であるのか、それとも死というものはたしかに規則的に発生するとしても、生において避けることのできる偶然にすぎないのかを、決定することができないでいる。たしかに「すべての人間は死ぬものである」という命題は、普遍的に妥当する命題の見本として、論理学の教科書に掲載されている。しかしこれに完全に納得している人はいないのである。わたしたちの無意識には、今も昔と同じように、自分が死ぬものであるということを思い浮かべる余地がほとんどないのである。(12)

さまざまな宗教は、個人の死という否定しがたい事実の意味を認めようとせず、生命が終わったのに、まだ彼岸で生きつづけると主張する。国家権力はまた、「宗教が力を失って」人々がこの世の生活の苦しさに耐えるために、彼岸でより良い生活が待っているという希望をもつことを断念しなければならなくなったならば、地上での道徳的な秩序を維持できないと考えている。わが大都市の広告塔には、死者の霊と交信できる方法を教えてくれるという講演会の広告が掲載されているし、きわめて頭脳の鋭敏な学者や鋭い思索者の多くも、生涯の終わりを迎えて、このような死者との交信の可能性がないわけではないと考え始めるほどである。

このように、わたしたちのほとんど誰もが、死の問題については未開の民族と同じように考えているのであるから、死者についての原始的な不安がわたしたちのうちにまだきわめて強く存在していて、なにかきっかけさえあれば、外に出てこようとするとしても、意外なことではない。おそらくこの死者についての不安には、死者が生者の敵となり、生き残った者を道づれにして、死の国に赴こうとしているのではないかという古い感覚がいまだ生き延びているのである。

死と向き合うわたしたちの姿勢がこのように昔とまったく変わっていないことを考えると、原初的なものが不気味なものとして回帰するために、抑圧という条件がそもそも必要だったのだろうかという疑問を抱くことすらできるだろう。しかしこの抑圧はたしかに存在している。いわゆる教養人は、死んだ人間の魂が、霊魂として見えるようになるということは、公式的にはもはや信じていない。このようなことが起こるとしても、それはきわめて異例で稀な条件のもとでしかないと考えている。死者にたいする感情的な姿勢は、ほんらいはきわめてあいまいでアンビヴァレントなものだったのだが、それが精神生活の高次の層においては、［宗教によって］敬虔という一義的な姿勢に和らげられてしまったのである。[*12]

補足

補足すべきところはもうあまりない。わたしたちはすでにアニミズム、呪術と魔法、思考の万能、死との関係、意図せざる反復、去勢コンプレックスなどについて語ってきたので、不安なものを不気味なものにするために必要な要因については、ほとんど考察し尽くしてきた。

わたしたちは、生きている人についても不気味な人だと呼ぶことがある。邪悪な意図をもっていると感じられる人を、不気味な人と呼ぶのである。しかしこう述べるだけでは不十分であって、「それが不気味なものとなるには」わたしたちを傷つけようとするその人の意図が、特別な力の助けを借りて実現されると感じられることが必要である。その好例となるのが「虚構の人物」「ジェッタトーレ」だ。[13] アルブレヒト・シェーファーの小説『ヨーゼフ・モンフォール』は、このイタリア由来の迷信上の不気味な人物像を、詩的な直観と深い精神分析的な洞察によって、感じのよい人物に作り変えたのである。しかしこの隠された力を問うときには、わたしたちはふたたびアニミズムの土壌に立ち戻ることになる。敬虔なグレートヒェンがメフィストフェレスをあれほどに不気味に感じたのは、このような隠された力の存在を予感したからである。

あの娘は感づいている、わたしが霊であることを
そしておそらく悪魔であることを。(14)

癲癇や狂気の不気味さも、同じところから生まれたものである。素人は癲癇や狂気のうちにさまざまな力の存在をみいだすのであるが、これは彼が隣人にそなわっているとは思わないものの、自分の人格の片隅の暗がりにうごめくように潜んでいるのを感じている力である。中世の人々は、このような疾患の現れを、すべて悪霊の働きによるものだと考えたが、これは首尾一貫した考えであり、心理学的にもほぼ正しい。そしてこの隠された力を暴き出そうとする精神分析を、多くの人々が不気味なものと感じたとしても、なんら意外なことではない。わたしがかつて、長年患っていた少女の病を癒したときに(ごく短期間で成功したわけではなかったが)、少女の母親がわたしを不気味だと感じたことがあった。母親はそのことを、治療が終わってからずいぶん長い年月が経った後に、わたしに告白したのだった。
ハウフの童話(15)に描かれたような切り取られた手足、斬られた首、腕から切断された

手首、シェーファーの前述の小説に描かれたような勝手にひとりで踊る脚のようなものは、どこか異例な不気味さをそなえている。とくにひとりで踊る脚のように、自律的に活動するものは、不気味さを強めるのである。すでに確認したように、こうした不気味さが生まれるのは、去勢コンプレックスに触れるものがあるからである。多くの人々がもっとも不気味なものとして恐れているのは、死んだと思われて、生きたまま埋葬されることだろう。そしてこの恐ろしい幻想が、もっと別の幻想が姿を変えたものであること、その幻想とはほんらいはまったく恐ろしいものではなく、快感を伴う幻想、すなわち母胎の中でくらしていた頃についての幻想だったことを教えるのは、精神分析だけなのである。

＊

不気味なものと幼児的な心性

ここでいくらか一般的な事柄を補足しておきたい。これは厳密な意味では、アニミズムやもはや克服されている過去の心的な装置の働きについて考察してきたところにすでに含まれていたものであるが、ここでとくに強調しておく価値があると思われる。

というのは、不気味なものという印象がたやすく、そして頻繁に生まれるのは、幻想と現実的なものの境界が消滅するときであり、それまで幻想にすぎないと考えていたものが、わたしたちの前に現実として姿を現すときであり、そして何かのシンボルであったものが、その象徴していたはずのものの機能と意味を完全にみずからのものとするときなどである。呪術を使う行為にそなわる不気味さのかなりの部分は、これによるものである。そこには幼児的なものが含まれているのであり、幼児的な心性は（これは神経症の患者の精神生活を支配している心性でもある）、物質的な現実と比較して、心的な現実を過大に評価する。これは思考の万能と結びついた特徴でもある。

第一次世界大戦のさなかで、通信が途絶した状態にあった頃に、イギリスの雑誌『ストランド』のある号が届いたことがあるが、あまりおもしろくもない多くの作品の中に、一編の小説が掲載されていた。若夫婦が家具つきの住居に引っ越してきたのだが、家具の中に木彫りの鰐《わに》がついている奇妙な形のテーブルがあった。そして夕暮れどきに部屋の中に堪えがたいような独特な悪臭が広がるのだった。暗がりではいつも何かに躓《つまず》き、曰く言いがたいものが階段の上をさっと通りすぎるのが見えるような気がするのだった。要するに夫婦は、このテーブルが存在するために、部屋の中に幽霊の鰐が出没するとか、木製の化け物が暗くなると生きて動きだすのだとか、そうした類いのことを推測せざるをえなくなる。ごく単純な物語だが、不気味なものを働かせる手法は卓越したものだった。

こうした実例の収集はまだ不十分なものだが、最後に精神分析の仕事からえられた経験をお話ししておきたい。偶然の一致でないとすれば、不気味なものについてのわたしたちの考察をすばらしい形で裏づけてくれるものだからだ。男性の神経症患者が、女性の性器はどうも不気味に感じられると語ることは多い。しかしこの不気味に感じられる性器は、人間のかつての故郷への入り口なのであり、誰もがかつて、人生の最初の時期に滞在していた場所なのである。「愛とは、郷愁だ」と戯れに言うこともある。夢の中で、「ここは知っているところだ、かつてここで暮らしていたことがある」と感じられる場所や風景があれば、それは女性の性器や母胎を意味しているのである。この場合には不気味なものとは、かつてなれ親しんだもの、昔馴染みのものを意味しているのである。ただしこのウンハイムリッヒという語の前綴のウン、は、抑圧の刻印なのである。

第三節

童話と不気味さ

これまで説明を読んでこられた読者には、さまざまな疑問が浮かんだことだろう。そこで、こうした疑問をまとめて、ここで説明することにしたい。

不気味なものとは、慣れ親しんだもの、馴染みのものであり、それが抑圧された後に回帰してきたもののことである。すべての不気味なものが、この条件を満たしているのはたしかなようである。しかしこの説明材料だけでは、不気味なものの謎は解明できない。この命題を逆にすると正しくないのは明らかである。個人の過去や民族の原始時代において抑圧された願望の動きや、克服された思考方法を想起させるものがすべて、不気味なものとなるとは言えないのである。

またわたしたちの命題に妥当するほとんどすべての実例について、それと矛盾するような実例をみいだすことができることも、認めねばならない。たとえばハウフの童話「切り落とされた手の物語」はたしかに不気味であり、わたしたちはそれを去勢コンプレックスによるものとして説明した。ヘロドトスの『歴史』のランプシニトス王の財宝の物語では、王女が手を摑んで捕らえようとした盗賊の首領は、切り落とされた兄弟の腕を王女に摑ませて、自分は逃げてしまう。[16]読者はわたしと同じように、この物語に不気味なものという印象をまったく感じないことだろう。

「ポリュクラテスの指輪」では、［ポリュクラテス］王の願望が次々とただちに実現するが、それが［客の］エジプト王に不気味なものと感じられたように、わたしたち読者にも不気味なものと感じられる。しかしわたしたちの童話《メルヒエン》には同じように願望が迅速に実現する物語は事欠かないのであり、それでいて不気味な感じはしないのである。「三つの願い」の童話では、[17]［三つの願いをかなえてやると言われた夫婦が、願いを考えながら、］ソーセージを焼くいい匂いにつられた女房が、「わたしもソーセージが一本ほしいわ」と言ってしまう。すぐにソーセージが皿の上に乗って供せられる。怒った亭主が、「ソーセージなんか、でしゃばり女の鼻にぶらさがればいいのに」と願う。すばやくソーセージが女房の鼻にぶらさがる。それはきわめて強い印象を与えるが、不気味さはまったくない。

童話《メルヒエン》は一般に、思考と願望の万能というアニミズム的な観点に公然と立っているが、わたしの知る限りでは、ほんとうの意味で童話であって、しかも何か不気味な雰囲気を湛えている童話は一つもないのである。生命のない事物、絵画、人形などが生きて動きだすと、きわめて不気味な印象を与えると［イェンチュは］主張していたが、アンデルセンの童話では、道具も家具も錫の兵隊もみんな生きているのであって、それでいて不気味な印象はまったく与えないのである。ピュグマリオンが彫った美しい像が生命をもち始めても、誰も不気味だとは感じないだろう。

わたしたちは、仮死状態と死者のよみがえりが非常に不気味なイメージをもたらすことを確認してきた。しかし童話では、こうしたものもごくありきたりのことである。白雪姫が目覚めて、ふたたび眼を開くとき、誰が不気味だと言うだろうか。さらにたとえば新約聖書の奇跡の物語で死者がよみがえるところを読んでわたしたちが感じる感情は、不気味なものとはまったく異質なものである。同じようなものが意図せずに反復されるときに、明らかに不気味さを感じることを確認してきたが、これも別の状況であれば、まったく異なる作用をもたらす。これが滑稽な感じをもたらす手段として利用されている事例をすでに一つあげておいたが、この種の実例ならいくらでもある。強調するための手段として使われている例もあるのである。また静寂、孤独、暗闇がもたらす不気味さは、どこから生まれるのだろうか。これらの要因は、不気味なものが発生する際にひそんでいる危険なものの存在を示す役割をはたしているのではないだろうか。子供たちはこうした条件のもとで、頻繁に不安を表明するものなのだが。[18]そしてわたしたちは、死の不気味さにおいて、知的な不確実さという要因がある役割をはたしていることを確認してきたことを考えると、「これまで否定的に述べてきた」この要因を完全に無視してもよいものだろうか。

だからわたしたちは、不気味なものという感情が発生するためには、これまであげてきた素材的な条件とは異なる条件が、決定的な意味をそなえていることを認める準備もしておかなければならない。しかしこれまで述べてきたことで、不気味なものについての精神分析学的な興味は尽きているのであるから、その他の要因については、おそらく美学的な研究が必要とされるのだろう。ただしこれを認めてしまうと、不気味なものは、抑圧された馴染みのものから生まれるという精神分析学的な洞察に、どれほどの価値があるのかという疑問がでてこざるをえないのである。

第一の源泉――アニミズム

それについては、次のように考えてみれば、こうした不確かさを解決するための道を示してくれるはずである。わたしたちの想定にそぐわない事例は、ほとんどすべて虚構と物語の領域からとられたものである。だから実際に経験する不気味なものと、たんに思い描いただけ、あるいは読んだだけの不気味なものを区別すべきではないのだろうか。

経験された不気味なものは、単純な条件のもとで生まれるが、それほど多くの事例があるわけではない。それでもすべての事例は、わたしたちが解決を試みた方式で解釈できる。古くから馴染んできた抑圧されたものが戻ってくるときに、不気味さが生まれると考えられるのである。しかしそうした材料にたいして、心理学的にも重要な区別を実行する必要があり、それに適した実例でこうした区別を確認するべきだろう。

ここで思考の万能、願望の迅速な実現、危害を加える秘密の力、死者のよみがえりという四つの不気味なものの実例を考えてみよう。これらの実例では、不気味なものという感情が生まれる条件は、間違えようがない。わたしたちは（あるいはわたしたちの原始的な祖先は）、かつてはこれらのことが現実にありうるものだと考えていたし、こうした出来事の現実性を確信していた。現在ではわたしたちはこのようなことを信じていないし、こうした思考方法を克服したのである。ただしわたしたちはまだ、この新しい信念を確固としたものとしていないし、古い信念がまだわたしたちのうちで生き延びていて、その正しさが確証されるのを待っているのである。

そしてわたしたちの生活のうちで、すでに投げ捨てられたはずのこうした古い信念の正しさが確証されるように思える出来事を経験すると、不気味なものという感情が生まれるのである。そして次のように判断するのである――そうか、あれはほんとうだったのだ、ただ願うだけで他人を殺せるというのは、死者が実は生き延びていて、生前に活動していたところに姿を現すことがあるというのは……。ところがこうしたアニミズム的な確信を完全に、そして徹底的に払拭してしまった人は、このような不気味なものを感じることはない。こうした人なら、あることを願うと驚くほどそれが実現されたとしても、同じ日に、同じ場所で、同じような体験が謎めいた形で繰り返されたとしても、まったくそっくりで区別できないような顔を見たとしても、きわめて怪しい物音がしたとしても、そのために混乱したり、「不気味なもの」への不安と名づけられる不安を感じたりすることは、決してないのだ。この種の不気味なもので問われているのは、現実の吟味であり、物質的な現実性なのである。[*13]

第二の源泉――幼児期のコンプレックス

抑圧された幼児期のコンプレックス、去勢コンプレックス、母胎還帰幻想などから生まれた不気味なものは、これとはいささか状況が異なる。ただしこの種の不気味な印象を生みだすことのできる現実の経験は、それほど頻繁には発生しない。実際に経験される不気味なもののほとんどは、先に述べた第一のグループのものである。しかし理論的には、この二つを区別するのは非常に重要なのである。

幼児期のコンプレックスから生まれた不気味なものの場合は、物質的な現実性はまったく問われず、心的な現実性だけが問題となる。ある「心的な幻想の」内容が現実に抑圧され、その抑圧されたものが回帰することが問題なのであって、その内容が現実のものであるという信念を放棄することは問われていないのである。片方で抑圧されるのは、あるイメージの内容そのものであるが、他方で抑圧されるのは、その（実際の）現実に存在するものであるという信念なのだと表現することもできるだろう。

しかしこの言い方は、「抑圧」という用語の使用方法として許される限界を越えていることになるだろう。この二つのグループの間で感じられる心理学的な違いを考慮にいれて、文明化された人間のうちに存在しているアニミズム的な確信は、それが多かれ少なかれ完全に克服された状態にあると表現するほうが正しいだろう。するとわたしたちの分析結果は次のように表現できるだろう。ある印象によって抑圧された幼児期のコンプレックスがよみがえったとき、あるいは「もはや正しくないものとみなして」克服された原始的な「アニミズム的な」確信が「ある出来事によってその正しさが」あらためて確証されたようにみえたとき、不気味なものという経験が生まれるのだ、と。

最後に、わたしたちはつい明快に断定したがるし、分かりやすく記述したがるものだが、これまで検討してきた二種類の不気味なものという経験が、つねに明確に区別できるものではないことを認めるのに躊躇してはならないだろう。原始的な「アニミズムの」確信は、もっとも奥深いところでは幼児期のコンプレックスと結びついていて、もともとは幼児のコンプレックスに根差していたものであることを考えてみれば、この二種類の不気味なものの境界がぼやけていることも、それほど不思議なことではないのである。

虚構における不気味なもの

虚構にみられる（幻想や文学作品の）不気味なものは、実際には別の種類のものとして考察する必要がある。この不気味なものは、実際に経験される不気味なものよりもはるかに内容が豊富であり、経験される不気味なものをすべて含むだけでなく、経験できるという条件のうちでは生まれえないものまで含んでいるのである。［幼児期のコンプレックスの］抑圧されたものと［アニミズム的な信念の］克服されたものという対立は、大きな変更を加えないかぎり、文学作品に描かれた不気味なものには適用できない。空想されたものの領域が妥当するための前提は、その内容が現実の吟味を免除されていることにあるからである。だから逆説めいているが、結論は次のようなものとなる。もしも現実の生活のうちで起きたならば不気味に感じられる多くのことが、文学作品の中では不気味なものではないし、文学作品には、現実の生活にはみられないような不気味な効果を作りだす多くの可能性がそなわっている。

これは作家に認められている多くの自由の一つである。作家は自分の描きだす世界をわたしたちに馴染みの現実と一致させるなり、何らかの形で現実とかけはなれたものとするなり、どちらでも自由に選ぶことができる。いずれにしても読者は作家の描くままの世界に、ただついてゆくだけである。たとえば童話《メルヒエン》の世界は、現実という土台を最初から捨て去っていて、アニミズム的な確信を採用することを明らかにしている。願望の充足、秘密の力、思考の万能、生きていないものが生命をもつことなどは、童話の中ではごくありふれたことであり、それでいて不気味なものという効果はまったく生まれない。というのはすでに確認したように、不気味なものという印象が生まれるためには、わたしたちのうちで判断の葛藤が存在している必要があるからである。一度は信じるにたらぬものとして克服された［アニミズム的な］信念が、現実に可能なのではないかという疑いが生まれる必要があるが、童話の世界が成立するための前提からして、こうした問いが生まれる余地は最初から存在しないのである。

だから童話には、不気味なものについてわたしたちが到達した結論とは矛盾する多くの実例が語られているが、現実の生活において起きたなら不気味な効果をあげたはずのことが、虚構の中では不気味に思われないという最初に述べた事例がこれにあたるのである。さらに童話にはまた別の要因も存在しているが、これについては後で述べることにしよう。

作家はまた、高次の霊的な存在、悪霊、死者の霊魂などの世界を語ることで、童話《メルヒエン》ほどは幻想的ではないが、現実の世界とは異なる別の世界も作りだしてきた。こうした霊的な形象には不気味なものというイメージが伴うかもしれないが、［童話と同じように］詩的な現実のためという前提のもとにあるかぎりは、不気味なものというイメージは生まれないのである。ダンテの［『神曲』の地獄篇の］地獄の霊たち、シェイクスピアの『ハムレット』『マクベス』『ジュリアス・シーザー』などの幽霊たちは、陰鬱で、恐ろしいが、ホメロスの作品で描かれる明るい神々の世界と同じように、結局のところはそれほど不気味なものではない。それはまず、作家が虚構において作りだした現実性の条件に、読者もその判断をしたがわせるからであり、さらに魂や霊や幽霊が物質的な現実の世界におけるわたしたちと同じように、作品の世界の中で完全な実在物であるかのように取り扱うからである。こうした場合には、不気味なものという印象は生まれないのである。

作家の自由

ところが、作家が日常の現実の土台の上に立っているかのようにふるまう場合には状況が異なる。その場合には作家は、［作品を構築する際には］現実の経験において不気味な感情が生まれるために必要なすべての条件にしたがうのであり、現実の生活で不気味な効果を発揮するすべてのものは、作品の中でも不気味な効果を発揮するのである。しかしこの場合にも作家は、現実の生活では経験されないか、ごく稀にしか経験されないような出来事を描くことによって、現実の経験では考えられないほどに不気味さを強め、多様なものとすることができる。

そのような場合には作家は、自分ではすでに克服したと信じている迷信がまだ存在していることを、わたしたちにこっそりと教えてくれる。いわばわたしたちを欺いて、ごくふつうの現実の世界を描くとみせかけておいて、現実を踏み超えるのである。読者は、自分自身の経験に反応するように、作家の虚構に反応するのであり、作家の欺きに気づいても、それは時すでに遅しであって、作家はその意図を巧みに実現してしまっているのである。ただしわたしは、作家は純粋な効果をあげたわけではないと主張したい。読者にはある種の不満な感情が残るからである。欺かれたことにたいするある種の憤慨が生まれるのだ。シュニッツラーの小説『予言』など、奇跡のような題材を扱う作品を読み終えたときには、こうした憤慨をとくにはっきりと感じるのである。

しかし作者には、わたしたちの不満を回避して、自分の意図を実現するための条件を改善することができる別の方法がある。それは自分が描きだす世界のために、どのような前提を採用したのかを、読者に長いあいだ理解させないでおいたり、あるいは読者が作品を読み終わるまで、その決定的な説明を回避したりするなど、きわめて悪賢く、技巧的にふるまうことである。それでいて全体としてはすでに述べたように、現実の世界では考えられないほどに不気味なものという感情を作りだす可能性を、虚構は確保することができるのである。

これらのすべての多様な技巧は、厳密な意味では克服されたものから発生する不気味さだけにあてはまるものである。これにたいして抑圧された幼児コンプレックスから発生した不気味さはもっと〈したたか〉であり、虚構においても（ある一つの条件を別として）、現実の経験においても、同じように不気味なものである。克服されたものから発生する不気味さは、現実の経験においても、物質的な現実性の土台に立った虚構においても、この不気味なものという性格を示すが、作家が作りあげた虚構の現実性においては、その不気味さを失うことがありうる。

これまでの説明では、作家の自由を、そして不気味な感情を呼び覚ましたり、抑止したりする虚構の特権をすべて説明し尽くしていないことは明らかだろう。わたしたちは実際の経験には誰も受動的な姿勢を示すものであり、その素材から大きな影響をうける。しかし読者は、作家にとってはとくに操作しやすい存在である。作家は読者をある気分にひたらせることができるし、読者のうちにかきたてた期待感によって読者の感情の流れを操作してある感情を引き起こしたり、また別の感情に転換させたりすることができる。さらに同じ素材を使ってきわめて異なる感情を呼び起こすこともできるのである。

これは昔からよく知られていることで、おそらく美学の専門家たちが詳細に考察していることでもあるだろう。わたしたちは、不気味なものについてのわたしたちの結論に矛盾するような事例を解明しようと試みるうちに、そのつもりもなく、この美学的な研究分野へと導かれたのだった。だからわたしたちはこうした矛盾する事例にもう一度戻ることにしよう。

不気味なものが発生しないとき

わたしたちはすでに、ヘロドトスのランプシニトス王の財宝の物語では、切り取られた手は、ハウフの童話「切り落とされた手の物語」とは違って、なぜ不気味な印象を与えないのだろうと、疑問を提起してきた。幼児期のコンプレックスの抑圧を源泉とする不気味なものは、〈したたか〉であることを確認してきたので、この問いははるかに重要なものとなったのである。しかしその答えは簡単なものだ。この物語ではわたしたちは、「切り落とされた手を握らされた」王女の感情よりも、「怪盗」のずる賢さのほうに注意を引かれるからである。手を握らされた王女が不気味な感情を抱かないわけはなかっただろう。失神して倒れても不思議はないのだ。しかし読者としては不気味なものは感じない。わたしたちは王女の身になって感じるのではなく、別の人物の身になって感じるからである。

またネストロイの茶番劇『取り乱した男』では、(19)自分が人を殺したと信じて逃亡している男が、落とし戸の蓋を開くたびに、いつも殺したと思っていた男の幽霊がでてくるのをみて、取り乱して「殺したのは一人なんだ、それなのにどうしてこういくつも幽霊がでてくるのだ！」と叫ぶ。読者は前とは違う状況のために、この男が感じているような不気味さの印象をうけることはない。読者はこのシーンの背景を知っているから、「取り乱した男」と同じ間違いに陥ることはないのである。そしてこの男には不気味なことと思われること〔同一物の反復〕が、読者には、何とも滑稽なことに感じられるのである。

またオスカー・ワイルドの『キャンタヴィルの幽霊』では[20]、「本物の」幽霊が登場するが、作者がこの幽霊を冗談のように扱い、皮肉っぽく茶化しているので、幽霊がかきたてようとする効果、少なくとも恐怖をかきたてようとする効果は失われる。このように虚構の世界では感情を引き起こす効果は、素材とは独立したものとなりうるのである。童話《メルヒエン》の世界では、不安の感情、すなわち不気味なものという感情はそもそも呼び覚まされるべきではないのである。わたしたちはそのことを十分に承知しているし、不気味なものという印象を与えかねないものが登場しても、それを無視してしまう。

孤独、静寂、暗闇については、これらは多くの人間のうちで完全になくすことのできない幼児の不安に結びついた要因であることを指摘しておけば十分だろう。精神分析ではこれらの問題について別のところで研究しているのである。

原注

＊1 E・イェンチュ「不気味なものの心理学へ」（『精神病理・神経症学週報』一九〇六年、二二号および二三号）。

＊2 以下の抜粋については、Th・ライク博士の援助をうけたことに感謝したい。

＊3 この名前の由来についてだが、コッポラはイタリア語のコペッラ（るつぼ）に由来するものであり、この道具は、父親の不幸な死の原因となった化学実験とかかわりがある。コッポは古いイタリア語で眼窩を意味する（これについてはランク博士の夫人から教示されたことを感謝する）。

＊4 実際にホフマンは最初の幻想に基づいてこの小説を創作するにあたって、もとの素材にそれほど加工をしなかったので、最初の構成を再現することができるほどである。ナターニエルの少年時代の物語に登場する父親とコッペリウスは、少年のアンビヴァレントな感情によって、二つの対立する父親像として描かれている。片方の「悪しき父親像である」コッペリウスは眼を潰す（去勢する）と脅し、善き父親像であるもう一人が、子供の眼を奪わないでくれと懇願する。少年のコンプレック

スのうちでもっとも強く抑圧されたのは、悪しき父親が死ねばよいという願望であり、それが善き父親の死として語られており、しかもそれを実行したのがコッペリウスだということになっている。

大学生になってからの物語では、この分裂した父親像は、スパランツァーニ教授と眼鏡屋のコッポラで表現されている。教授が善き父親の系列の像であり、コッポラは弁護士コッペリウスと同一人物とされている。かつて父親とコッペリウスが秘密めかした暖炉で一緒に仕事をしていたように、教授とコッポラは一緒に人形オリンピアを作っている。教授はオリンピアの父親と名乗っている。このように二重に共通した特徴があることからも、この二人が父親像の分裂したものであることは明らかだ。機械仕掛けを作る人物［である教授］も、眼鏡屋［のコッポラ］も、オリンピアの父親であると同時に、ナターニエルの父親なのである。

少年時代の恐ろしい場面で、コッペリウスは少年の眼を潰すのを諦めた後に、少年の手と脚を試しにねじって外すような身振りをする。(21) これは機械仕掛けを作る人物が人形でする動作を、少年の身体でしているのである。この動作は、砂男のほんらいのイメージからは完全に逸脱するものであるが、この奇妙な特徴によって、

［手足を引き抜くという］去勢に相当する別の動作が新たに導入される。この特徴はまた、弁護士のコッペリウスが、後に登場する［父親像の］片割れの機械仕掛けを作るスパランツァーニと内的な同一性をそなえていることを示すものでもあり、わたしたちがオリンピアを解釈するために役立つ。

この自動機械の人形オリンピアは、ナターニエルが幼年時代に父親に示していた［女性になって父親に愛されたいという］女性的な態度を物質化したものにほかならない。オリンピアの父親であるスパランツァーニとコッポラは、ナターニエルの最初の分裂した父親像［である善き父親とコッペリウス］の新しいヴァリエーションであり、その再生である。スパランツァーニは、眼鏡屋のコッポラがナターニエルから眼球を盗んで、それを人形に嵌めたのだと語るが、この言葉はそれだけでは理解しがたいものだとしても、オリンピアとナターニエルの内的な同一性を示すものと考えれば、その意味が理解できる。オリンピアはいわばナターニエルのコンプレックスを分離して、人物像として示したものなのである。ナターニエルがこのコンプレックスに支配されていることは、オリンピアに法外なほどに恋こがれていることに表現されている。わたしたちはこの恋をナルシシズム的な恋と呼ぶことができるのであり、この恋に陥ったナターニエルが、現実の愛の対象［であるクララ］から離れることも、これでよく理解できる。多くの患者を分析した結果、去勢コンプレックスによって父親に固着してしまっている若者が女性を愛せなくなることには、心理的な根拠のあるのが明らかになっている。これらの患者の幻想の内容は、この小説ほどに空想的なものではないが、大学生のナターニエルの物語に劣らず悲惨なものなのである。

＊5　E・T・A・ホフマンは、不幸な結婚生活から生まれた子供だった。三歳のときに父親は小さな家族の一家を捨てて、二度と戻らなかった。E・グリーゼバハが『ホフマン全集』に執筆した伝記によると、ホフマンの父親との関係は、この作家の感情生活のうちでもっとも傷つきやすいところだったという。

＊6　オットー・ランク「ドッペルゲンガー」（『イマーゴ』三号、一九一四年）。詩人が人間の心には二つの魂が住んでいると嘆くとき、あるいは通俗的な心理学が、人間の自我は分裂していると主張するときには、批判的な自我の審級と、自我の残りの部分との対立が問題になっているのである。これは自我心理学の問題であって、精神分析で発見された自我と無意識的に抑圧されたものの対立を示すもの

ではないだろう。ただしこの違いは、批判的な自我によって非難されたもののうちには、さしあたって抑圧されたものの子孫が含まれるという事実のために、あいまいなものとなっている。

*7　H・H・エーヴェルスの『プラハの大学生』という小説は、オットー・ランクのドッペルゲンガーの研究の出発点とされた作品であるが、この作品の主人公は恋人に、恋がたきと決闘しても、相手を殺さないと約束した。しかし決闘場に赴く途中で、彼は自分のドッペルゲンガーに出会うと、このドッペルゲンガーはすでに恋がたきを殺してしまっていたのである。

*8　P・カメラー『系列の法則』(ウィーン、一九一九年)。

*9　フロイト「強迫神経症の一症例に関する考察」[22]。

*10　S・ゼーリヒマン『邪視およびそれに類似したもの』全二巻(ベルリン、一九一〇年、一九一一年)。

*11　これについては、『トーテムとタブー』(一九一三年)の第三章「アニミズム、呪術、思考の万能」を参照されたい。そこでは次のように指摘している。「一般に思考の万能とアニミズム的な思考方法の正しさを確認するような印象は、〈不気味な

もの〉という性格をそなえているようである。わたしたちが［無意識ではない］判断を下す際には、そうしたものから離れているのであるが」。

＊12 『トーテムとタブー』の［第二章の］「タブーと感情のアンビヴァレンツ」を参照されたい。

＊13 ドッペルゲンガーの不気味さもこうした種類のものであるから、わたしたちが自分自身の像に思いがけず出会ったときに経験する効果を経験するのは興味深いことだろう。E・マッハは『感情の分析』（一九〇〇年、三ページ）において、そのような観察を二件示している。彼は［他人のものだと思って］みていた顔が［他人の顔ではなく］自分の顔であることを認識したときに、きわめて驚かされたという。別の事例では、自分の乗っているバスに、見知らぬ人が乗り込んでくるようにみえて、「なんとみすぼらしい学校の先生だろう」とたいへん意地の悪いことを思った［が、実はそれは自分の像が映ってみえたのだった］というものである。

わたしも同じような出来事を経験したことがある。汽車の寝台車の一室に一人でいたときのことである。汽車が強く揺れて、隣の洗面室につながるドアが開いたのだった。そしてナイトガウンを着て、旅行帽をかぶった老人が、わたしの部屋に入ってくるようにみえた。洗面室の隣は別の部屋になっていたから、わたしは老人が、自分の部屋から洗面室に入って、そこから自分の部屋に戻ろうとして、間違えてわたしの部屋に入ってきたと思ったのである。わたしは立ち上がって、老人に説明してやろうとしたが、そこでこの侵入者が実は連結部のドアのガラスに映ったわたし自身であったことに気づいて、呆然としたのだった。この姿がきわめて不愉快なものであったことは、忘れられない。つまりマッハもわたしも、ドッペルゲンガーに仰天したのではない。それがドッペルゲンガーであると認識できなかったのだ。しかしその経験で不愉快な印象が残ったことは、ドッペルゲンガーを不気味なものと感じる原始的な反応の残滓だったのではないだろうか。

訳注

（1）美学《エステティーク》は美についての学であるが、その語源となったアイステーシスは、古代ギリシアでは感覚を示すものだったので、フロイトはこのように美学の定義を拡張するのである。

（2）目標の制止とは、欲動が充足されないときに、最初の目標と類似した目標を実現して軽い満足をえようとすることである。たとえば親子のあいだは、性的な愛情をみたすことはできないが、それに類似した感情として親子の愛情が形成されると考えるのである。フロイトはこの目標の制止が、文化的な活動における昇華の萌芽のようなものとなると考えている。だからここでは昇華によって生まれた芸術的な作品に向かう感情の動きのことを考えているのだろう。

（3）この論文は、第一次世界大戦の直後に発表されている。

（4）以下の辞書の引用例には出典の表記が示されていることもあるが、一貫しないし、それほど重要ではないので、著者の名前だけをあげることにする。

（5）「コッポラがお前から盗んだ」というのは、邦訳には欠けている。たとえば、種村季弘訳（『世界文学全集／ホフマン』集英社）では「あの目玉――目玉を盗った」である。原文は「die Augen-die Augen dir gestohlen」で、利害関係を示すものと考えて与格の dir を訳すと、「お前から」という訳が出る。

（6）聖書にも同じような言葉がある。「主は荒れ野で彼を見いだし／獣のほえる不毛の地でこれを見つけ／これを囲い、いたわり／御自分のひとみのように守られた」（「申命記」三二章一〇節）。「瞳のようにわたしを守り／あなたの翼の陰に隠してください」（「詩編」一七章八節）。

（7）ハイネは『流刑の神々』において、「キリスト教が世界を支配したときにギリシア・ローマの神々が強いられた魔神《デーモン》への変身」について詳しく語っている（ハイネ『流刑の神々・精霊物語』小沢俊夫訳、岩波文庫、一二五ページ）。

（8）マーク・トウェインの『ヨーロッパ放浪記』（飯塚英一訳、彩流社）の第一三章「闇の中での悪戦苦闘」では、夜中にホテルの一室で目覚めて、外に出ようとドアを探して悪戦苦闘する様子がユーモラスに描かれる（邦訳は上巻、九八～一〇五ページ）。

（9）フロイトの『快感原則の彼岸』を参照されたい。反復強迫については同書の三節以下に詳しい。邦訳は『自我論集』中山元訳、ちくま学芸文庫、一三四ページ以下。

（10）ポリュクラテスはギリシアのサモスの僭主。二人の兄弟と革命を起こして国を三分割したが、やがて兄弟を殺したり追放したりして、国の全権を握った。そしてエジプトの王アマシスと友好的な賓客関係を結び、イオニアの各地に進出した。そして好運にも「彼が兵を向けるところ、作戦はことごとく成功した」（ヘロドトス『歴史』三巻三九節。邦訳は松平千秋訳、岩波文庫、上巻、三〇七ページ）。アマシスはポリュクラテスのあまりの盛運に不安を感じ、「何事につけても幸運に恵まれた者で、結局は世にも悲惨な最期を遂げずにすんだ例を小生はかつて聞いたことがない」（同、四〇。邦訳は前掲書三〇八ページ）と書簡を送り、何か貴重なものを捨てて不運を味わうことを勧める。ポリュクラテスはそこで何よりも大切にしていた指輪を海に投げ捨てる。ところが漁師がその指輪を飲み込んだ魚を釣り上げて、王のもとに指輪を持ってきたのである。ポリュクラテスはこれは神意であると考えて、アマシスに伝えたところ、アマシスはこれから訪れるはずのポリュクラテスの悲運の大きさを思い、賓客関係を維持した場合には、自分も心を痛めねばならないと考えて、この関係を破棄することを通告したのだった。フロイトのこの説明は、シラーの詩「ポリュクラテスの指輪」に依拠している。

（11）この患者は、本書の一七四ページに描かれたように、願うだけで老人に卒中の発作を起こさせたと考えている「鼠男」である。フロイトはこの事例研究に「思考の万能、もっと正確に言えば、願望の万能は、それ以来原始的精神生活の本質的部分と認められるに至った」と注記している（前掲書二七二ページ）。

（12）「原始人にとって、自分の死というものが想像することができない非現実的なものであったのは、現在のわたしたちと変わらない」ことについては、フロイト「戦争と死に関する時評」を参照されたい（フロイト『人はなぜ戦争をするのか』中山元訳、光文社古典新訳文庫、七九〜八〇ページ）。

（13）これはイタリア語で、「投げる人、鋳物師、石膏師」などを意味する。悪しきまなざしを投げる人という意味で使われている。民間信仰では、長身で、細面で、鼻が曲がり、眼が飛び出したようにみえて、鋭いまなざしの人物に出会ったときには、指で魔除けの合図をしなければ危険だとされていたらしい。

（14）ゲーテ『ファウスト』第一部「マルテの庭」。邦訳は相良守峯訳、『ファウスト』

第一部、岩波文庫、二五一ページ。

(15) ハウフ「切り落とされた手の物語」。邦訳は種村季弘訳、『魔法物語』河出書房新社。

(16) これは長い話になる。エジプトのランプシニトス王は莫大な財宝を所有していて、これを石造りの蔵に秘蔵していた。この蔵を造った石工は、建造するときに仕掛けをしておき、石を外して中に忍び込めるようにしておいた。石工は死ぬ間際に二人の息子を呼び、その仕掛けを教え、王の財宝を盗めと言う。二人は何度も忍び込んで、多くの財宝を盗んでいた。王は財宝が減っていること、入り口は開かれていないことを確認して、罠をしかける。次に盗みにやってきた二人のうち、片方の息子が罠に落ちて、逃れられないと知る。そこでもう一人の兄弟に、身元を知られないように首を落とせと命じる。残された息子は兄弟の首をもって逃げる。蔵の中に首のない死体が残されていることを知った王は、それを塀の外に吊させ、死体をみて嘆いているものを発見せよと命じる。兄弟の母がそのことを知って、死体を盗んでこなければ、王に訴えでると脅す。息子は驢馬に酒の袋を積んで、見張りをしている番人たちの前でこぼしてみせる。息子と番人はやがて酒盛りを始め、番人たちは寝てしまう。そこで息子はやすやすと死体を取り戻す。

王は驚いて、娘の王女を娼館で娼婦として働かせ、客にこれまでしてきたことで「一番巧妙で一番非道なことは何だったか」を語らせてから寝るように指示する。その評判を聞いた盗賊の息子は、王との智恵比べを思いたつ。そして兄弟の死体から腕を切り取り、隠して娼館に登楼し、盗みと兄弟の死体を取り戻した自慢話をする。王女は逃すまいと盗賊の腕を掴むが、盗賊は死んだ兄弟の腕を掴ませて逃げてしまう。王はその智恵に驚いて、盗賊に王女を妻として与えるのである。ヘロドトス『歴史』二巻一二一節。邦訳は松平千秋訳、岩波文庫、上巻、二三五〜二三九ページ。

（17）ペロー「愚かな願い」（『ペロー童話集』天沢退二郎訳、岩波少年文庫、一九七〜二〇七ページ）。

（18）子供のこうした不安については、「子供が暗闇を恐れるのは、闇の中では愛する人を見ることができないからである」という説明を参照されたい。フロイト「性理論三篇」（『エロス論集』中山元訳、ちくま学芸文庫、一七二ページ）。

（19）ネストロイ「分裂した男　あるいは有閑病のヒーリング」（『ネストロイ喜劇集』岩淵達治訳、行路社、所収）。

（20）オスカー・ワイルド「キャンタヴィルの幽霊」（『オスカー・ワイルド全集 1』西村孝次訳、青土社、所収）。

（21）邦訳では、「コッペリウスはぼくの肉体を関節がポキポキいうほどがっちりと鷲《わし》づかみにし、手足をねじ切ってはそれをまたあちこちと嵌《は》め替えるのだった」とされている（種村季弘訳「砂男」。『世界文学全集18 ホフマン』、集英社、一〇～一一ページ）。

（22）このいわゆる「鼠男」の記憶については、小此木啓吾訳「強迫神経症の一症例に関する考察」『フロイト著作集 9』人文書院、二七一ページを参照されたい。

ユーモア（一九二七年）

ユーモアの生まれる道

わたしは『機知――その無意識との関係』（一九〇五年）では、ユーモアを心的なエネルギーの配置という観点だけから検討した。この著書でわたしが目指したのは、人がユーモアを語るとき、どのような源泉から快感をえているのかを発見することだったのであり、感情の消費の節約から、ユーモアの快感が獲得されていることを示したのである。

ユーモアは二つの道をとおって生まれることができる。一つはユーモラスな姿勢を示すのが一人の人物であり、第二の人物は、傍観者であるか、ユーモアがもたらす利益を享受する場合である。もう一つは、二人の人物の関係からユーモアが発生するものであり、一人はそのユーモアの発生プロセスとはまったく無関係であり、もう一人の人物がその人をユーモラスな考察の対象とする場合である。

［第一の道について］ごく簡単な例をあげると、月曜日に、これから絞首台で死刑を

執行されることになっている罪人が、「おや、今週も幸先がいいぞ」と呟いたとしよう。この場合には罪人は自分でユーモアを作りだしたのであり、ユーモアのプロセスはこの男で完結していて、このユーモアは男に何らかの満足を与えたのである。

一方で、このユーモアとはまったく関係のない聞き手であるわたしは、この罪人のもたらしたユーモアの働きによってある種の〈遠隔作用〉をうけるのであり、おそらく男と同じようなユーモアの快感をえるのである。

第二の道は、たとえば作家や報告者が、現実の人物や架空の人物の振る舞いをユーモラスに描写する場合である。その場合には、この人物がみずからユーモアを作りだす必要はなく、ユーモラスな姿勢を示すのは、この人物を描きだす作家や報告者の仕事であり、読者や聞き手は、第一の場合と同じように、ユーモアがもたらす快感を享受するのである。

要約してみれば、ユーモラスな姿勢は、どのような内容のものであろうと、みずからに向けても、他者に向けてもユーモアをもたらすことができると言えるだろう。そしてユーモラスな姿勢をとることによって、その人物には快感が生まれると考えられる。またユーモラスな姿勢とはかかわりのない聞き手にも、快感が生まれるようである。

ユーモアの快感の発生

ユーモアから生まれる快感がどのようにして発生するかを考察するためには、他人のユーモアを聞いている人物に、どのようなプロセスが発生しているかを調べるのが何よりである。聞き手は、その人物が置かれている状況を考えると、その人に激しい情動の兆候が現れるだろうと予測しているのである——その人は怒りだすだろう、嘆くだろう、苦痛を訴えるだろう、驚愕するだろう、戦慄するだろう、おそらく絶望するだろうと予測しているのである。そして観察者あるいは聞き手は、その人物を見守って、自分でも同じ感情を味わおうと準備している。しかしこの感情の発生を準備していた人は裏切られる。その人物は激しい情動を表明するのではなく、冗談を言うのである。聞き手は感情の消費を節約できたので、ユーモアの快感が生まれるのである。

ここまでは分かりやすいことだろう。しかしすぐに疑問が生まれる。ユーモアを語った当の人物におけるユーモアのプロセスにこそ、注目する必要があるのではないだろうか。ユーモアの本質は、激しい感情の発生が予測されるような状況においてこうした感情を発生させないこと、冗談を言うことで、このような感情の発生の可能性を消滅させることにあるのは、疑問の余地がない。ユーモアを語る人物においても、ユーモアの聞き手においても、同じプロセスが発生しているに違いない。正確に表現するならば、聞き手のプロセスは、ユーモアの語り手のもとで発生するプロセスを複製したものであるに違いない。

しかしユーモアの語り手は、どのような心的な態度によって、激しい情動を発動せずに済ませることができたのだろうか。「ユーモラスな姿勢」をとる語り手のうちで、どのような力動的なプロセスが発生しているのだろうか。この疑問は、ユーモアの語り手において解決する必要があるのは明らかである。聞き手において発生するのは、この謎めいたプロセスの複製であり、残響のようなものにすぎないからである。

ユーモアの性格

ここで、ユーモアのいくつかの性格を詳しく調べてみよう。機知や滑稽と同じように、ユーモアには何か人の心を解き放つような性格があるだけでなく、どこか鷹揚なところ、心を高揚させるようなところがある。ユーモアは機知や滑稽と同じように、知性を働かせて快感を獲得する営みであるが、この特徴は機知や滑稽には欠けているものである。ユーモアの〈鷹揚さ〉という性格が生まれるのは、ナルシシズムが凱歌をあげ、自分の自我は傷つけられないことを勝ち誇って主張しているからである。現実は自我に、みずからを苦しめよ、苦悩せよと誘うのであるが、自我はこの誘惑を退ける。そして外界から傷つけられないことに固執し、それを快感を獲得するためのきっかけとして利用できることを誇示するのである。

この最後の特徴が、ユーモアにとっては何よりも本質的なものである。［先に述べた］月曜日に絞首台に引かれてゆく罪人が次のように言ったとしよう――「こんなこと、どうってことないさ。俺のような男が吊されたからって、どうなるんだ。それで世界が滅びるわけではないし」。この言葉は現実の状況を鷹揚に超越していること、賢明で、根拠もある言葉であることを認めるにやぶさかではない。しかしそこにはユーモアの痕跡もない。この言葉は現実を正しく評価している、これこそまさに、ユーモアとは正反対の姿勢なのである。ユーモアの語り手は諦めることなく、頑固に抵抗する。ユーモアの語り手においては、自我が凱歌をあげるだけではなく、快感原則も凱歌をあげている。ここで快感原則は、現実の状況の厳しさに直面しても、みずからを貫徹する能力があるのである。

最後の二つの特徴、すなわち現実の要求の拒否と快感原則の貫徹という特徴によって、ユーモアは精神病理学の分野で頻繁にみられる退行プロセスや反動プロセスに近いものとなっている。ユーモアは、苦痛の可能性からの防衛であり、苦痛を強制されるような状況から逃れるために、人間の精神生活が作りだした多数の方法のうちの一つなのである。こうした方法は、神経症に始まり、陶酔、自己への沈潜、恍惚などの状態を含みながら、ついには狂気にいたる系列を構成するものである。こうした病的なプロセスとの近さによって、ユーモアには機知にはまったくみられないある〈威厳〉のようなものがそなわっている。機知は、快感を獲得するか、あるいはこうして獲得した快感を攻撃のために利用することしかできないのである。

ユーモラスな態度の逆説

人はユーモラスな態度を示すことで苦痛を回避し、自我が現実の世界によっては克服されないことを強調し、勝ち誇ったように快感原則を主張する。そしてこれと同じ意図をもつ「病的な」方法とは異なり、心の健康という土台を掘り崩すようなことはない。このユーモラスな態度はどのようにして可能となるのだろうか。快感原則を貫徹することと、心の健康を維持することは、たがいに相容れないことのように思えるのである。

誰かが他人にユーモラスな態度を示す状況について考察してみると、わたしが著書『機知』で控え目に示唆しておいた解釈が妥当するのではないかと思われてくる。ユーモアの語り手が他人にたいして示す姿勢は、子供に向かう大人の態度と同じようなものである。子供にとっては重大に思える利害関係も苦悩も、大人はそれが無にひとしいようなものであることを知っていて、苦笑しているのである。ユーモアの語り手は、大人の立場に立ち、ある意味では父親と同一化して、他者を子供の地位にまで貶めることによって、優越的な立場を確保する。だがこの解釈は事態に適ったものだろうが、どうも説得力がない。それではどうして、ユーモアの語り手はこのような立場に立つのかが疑問となるからである。

ユーモアと超自我

ここでユーモアが語られる状況について、おそらくはるかに根源的で重要な状況が想起されてくる。それは、ユーモアの語り手が、自分にユーモアを向けて、苦悩が発生する可能性から防衛しようとする状況である。この状況では、自分を子供のように扱って、同時にこの子供に対して、優越した大人の役割を演じることになるのだが、そのようなことに意味があるのだろうか。

しかし病理学的な経験から人間の自我の構造について学んできたことを考慮するならば、この信じがたい考え方にも、強力な後ろ盾がえられる。人間の自我は単純なものではなく、その核心のところに、超自我という別の審級を蔵している。自我と超自我が一体になっていて両方を区別できないこともあるが、特定の状況ではこの二つは明確に分離される。発生プロセスからみると、超自我は両親の審級をうけついだものであって、幼年期に両親が（あるいは父親が）子供を扱うのとまったく同じように、自我をきわめて依存的なものとして扱うことが多いのである。

だからユーモラスな姿勢を力動的に解明してみると、ユーモアの語り手は心的な重点を置く場所を、自我から超自我に移したのだと想定することになる。［心的な重点を置かれて］膨脹した超自我にとっては、自我は取るに足らぬ小さな存在であり、自我の関心など詰まらぬものと考えることができる。そしてこの心的なエネルギーの新たな配置においては、超自我は自我が［外界からの危険に］反応する可能性をたやすく抑圧できるのかもしれない。

備給の置き換え

わたしたちに馴染みの［精神分析の］表現方法では、〈心的な重点の置き場を移す〉と表現するのではなく、〈［心的なエネルギーの］大きな備給量を置き換える〉と表現すべきである。そうすると、心的な装置の一つの審級から他の審級に、このような多量の［心的なエネルギーの］備給量を置き換えることは可能なのか、という疑問が生まれる。こうした説明は［ユーモアを説明するために］特別に作りだした新たな仮定のように思えるのである。しかしこれまでも心的な出来事をメタ心理学的に解釈しようとする試みにおいては、このような要因を繰り返し考慮にいれてきたことを想起すべきであろう（まだ十分に頻繁に反復していないとしてもである）。

たとえばわたしたちは、性愛の対象に［心的なエネルギーを］備給している通常の状態と、〈惚《ほ》れ込んだ〉状態の違いについてこう考えてきた――〈惚れ込んだ〉状態では、通常の状態とは比較できないほどの多量の心的なエネルギーが対象に備給されるために、自我がいわば対象に向かって〈空になる〉と仮定してきたのである。

またパラノイアのいくつかの症例を研究した結果、迫害されているという妄想は疾患のごく早い時期に形成され、目立つ働きを示さずに長い間にわたって存在しつづけた後に、特定のきっかけのもとで、［心的なエネルギーの］特定の備給量を獲得すると、その妄想が患者を支配してしまうことが明らかになった。こうしたパラノイアの発作を治療するためには、妄想を解消させたり、矯正したりするよりも、こうした妄想に与えられている［心的なエネルギーの］備給を取り去るほうが望ましいだろう。

鬱病と躁病が交互に訪れるという現象や、超自我が自我を残酷に抑圧している状態と、こうした抑圧の後に自我が解放される状態が交互に訪れるという現象からも、わたしたちはこのような［心的なエネルギーの］備給の交替が発生しているという印象をうけるのである。ちなみに、こうした備給の交替は、正常な精神生活のさまざまな現象の説明にも援用すべきものであろう。

これまではこの仮説によって［正常な精神生活の現象を］説明する試みはあまり行われていないが、それはわたしたちが遠慮してきたからであり、この遠慮深さは称賛に値するものであろう。わたしたちが確実なことを語れると感じているのは精神生活の病理学の分野だけであり、ここでこそ観察して、納得できる結論をだせるのである。

わたしたちが正常な精神生活についても判断できるとしたら、疾病のうちに隔離され、分離されているもののうちに、正常なものの存在をみいだすことができる場合にかぎられる。わたしたちのこの〈臆病さ〉が克服されたならば、［リビドーの］エネルギー備給量の静的な状況や力動的な交替が、心的なプロセスの理解のために、きわめて大きな役割をはたすものであることが認識されることになるだろう。

そのためここで仮説として提案した可能性、すなわち人間は特定の状況では、突然のように自分の超自我に過剰な［心的なエネルギーを］備給する場合があること、そしてこの過剰に［エネルギーを］備給された超自我によって自我の反動プロセスが変更されることがあるという仮説は、確認されたものとして考えられる。わたしがユーモアについて立てたこの仮説は、ユーモアにごく近い機知の領域にも、驚くほど類似した形で適用できる。わたしは、機知が発生するためには、前意識的な思考において、一瞬だけ無意識による仕事が行われる必要があり、機知とは無意識が作りだした滑稽にほかならないと想定せざるをえなかったのである。まったく同じように、ユーモアとは、超自我が媒介となって作りだした滑稽であると主張することができるだろう。

超自我の隠された顔

わたしたちは、超自我がいつもは厳格な主人であることを知っている。だから自我がごく小さな快感を獲得することを許すのは、この厳格な主人の性格にふさわしくないのではないか、と指摘されるかもしれない。たしかにユーモアによってえられる快感は、滑稽なものや機知によってえられる快感ほどに強いものではないし、心からの笑いとしてはじけることはない。また超自我がユーモラスな態度を示すときは、ほんらいは現実を拒否して、幻想に奉仕していることもたしかである。しかしわたしたちはこのそれほど強くない快感に（なぜか理由は分からないが）高い価値を認めるのであり、この快感が特別な解放感をもたらし、心を高揚させると感じるのである。

ユーモアが生む冗談は真剣なものではなく、何かを探るような価値しかないのもたしかである。大切なのは、それが本人に向けられるか、他人に向けられるかを問わず、ユーモアがもっている意図なのである。ユーモアが語ろうとしているのは、「ごらん、これが世の中だよ、とても危険なものにみえるだろう。でも子供の遊びのようなものなのさ、冗談で笑い飛ばしてごらん」ということなのである。

ユーモアの中で、「この危険な世界の中で」怯《おび》えている自我にこれほど優しく、慰めるかのように語りかけているのが、ほんとうに超自我であるならば、それは超自我については、まだ学ぶべきことが非常に多いことを教える警告と考えるべきだろう。ついでながら、すべての人がユーモラスな態度をとれるわけではないことを指摘しておこう。これはきわめて稀で貴重な才能であって、自分に与えられたユーモアの快感を享受することができない人も多いのである。最後に、超自我がユーモアによって自我を慰め、苦痛から保護しようと努力することは、超自我が両親の審級をうけついだものであることと、いささかも矛盾しないことを指摘しておこう。

ドストエフスキーと父親殺し（一九二八年）

ドストエフスキーの四つの〈顔〉

　豊かな人格をもつドストエフスキーは四つの〈顔〉をもっていると言えるだろう。詩人としてのドストエフスキー、神経症患者としてのドストエフスキー、道徳家としてのドストエフスキー、罪人としてのドストエフスキーである。このような錯綜した人格をどう理解したらよいだろうか。

　詩人としてのドストエフスキーについては、ほとんど頭を悩ませるところがない。シェイクスピアと比較してもそれほど遜色がないのである。小説『カラマーゾフの兄弟』は、これまで書かれたうちで最高級の小説であり、作中の大審問官の逸話は世界文学の最高傑作の一つであると語っても、過大な評価ではないだろう。しかし残念なことに精神分析には、詩人という〈顔〉を分析するには、手掛かりがないのである。

道徳家の〈顔〉

精神分析にとってもっともたやすく分析できるのは、道徳家という〈顔〉であろう。ただしドストエフスキーを道徳的に優れた人間であると評価するために、道徳の最高段階に到達しうるのは、もっとも深い罪を犯してきた人物だけだという理由をあげるとしたら、それは重要な問題を無視することになるだろう。道徳性の高い人物というものは、心の中で誘惑を感じるとすぐにそれに気づいて、その誘惑を退ける人のことなのだ。次々と罪を犯しておいて、それを悔いて高い道徳的な要求を掲げるようになった人物は、あまりに安易な道をたどったのではないかという非難に直面することになる。その人は、道徳性のもっとも本質的な要素である断念を実行できなかったのである。道徳的に生活することは、人間の実践生活の要求するところだからである。

このような振る舞いは、民族大移動の時代の〈蛮族〉と呼ばれた人々のことを思いださせる。当時の〈蛮族〉の人々は、人を殺しておいて、それを悔いるのであるが、悔いるのは、その殺人を犯すことができるための直接の手段にすぎないのである。イワン雷帝もまた、同じように振る舞ったのだった。このような方法で道徳をごまかすやり方は、きわめてロシア的な特徴なのかもしれない。

ドストエフスキーが道徳的な闘いにおいて最終的に到達した段階もまた、名誉のあるものではない。個人の欲動を充足させたいという願望と、人間社会のさまざまな要求を和解させようとして、激しい苦闘を経験したのだが、結局のところは後戻りして、世俗的な権威と宗教的な権威に屈服したにすぎないのである。ツァーとキリスト教の神に畏敬の念を捧げ、ロシアの狭量なナショナリズムに屈するのであれば、ドストエフスキーほどの才能は不要だし、彼ほどの苦闘も不要なのである。これはこの偉大な人格の欠点なのである。

ドストエフスキーは人類の教師や解放者になり損ねて、人類の牢獄の看守になり下がったのである。未来の人類の文化が、ドストエフスキーに感謝すべきものは何もないのである。おそらく神経症のためにこのような蹉跌の運命にあったということは、証明できるかもしれない。あれほどの高い知性に恵まれ、あれほどの高い人類愛に燃えている人物には、もっと別の、たとえば使徒のような人生が開けていてしかるべきだったのである。

犯罪者の〈顔〉

わたしがここでドストエフスキーを罪人として、犯罪者として扱おうとすると、強い異議の思いを感じざるをえない。こうした異議は、犯罪者についての通俗的な評価に基づいているとは限らないのであり、ドストエフスキーを犯罪者として扱うことに異議を感じる気持ちの背景は、すぐに理解できる。というのは犯罪者には二つの特徴が本質的にそなわっている――満たされることのない我欲にとり憑かれていること、そして激しい破壊的な傾向をそなえていることである。そしてこの二つの特徴に共通し、それが表現されるための前提となっているのは冷酷さであり、対象（とくに人間）にたいする愛情のこもった評価の欠如である。ところがドストエフスキーの性格を思いだしてみると、これとは正反対なのである。彼は他者の愛をひたすら求めたし、他者を愛する巨大な能力をそなえていた。その能力は過剰なほどだった。最初の妻が愛人を作ったときなどは、二人を憎み復讐する権利があったのに、彼らを愛し援助の手を差し伸べたのであった。

だからドストエフスキーを犯罪者として考えたいという誘惑が、いったいどこから生まれてきたのかと問わざるをえないのである。この問いへの答えは、彼の作品の中に登場する人物の性格のうちにある。彼は作品の中で、暴力的な人物、人殺し、我欲に満ちた人物などをとくに好んで描いているのであり、心のうちにこうしたものを好む傾向があったのではないかと考えられる。また人生の経歴のうちにも、こうした傾向をうかがわせる事実をいくつか挙げることができる。賭博欲と、未成年の女性を強姦した事実があるのである（これは彼の告白によるものである）[*1]。

しかしドストエフスキーには非常に激しい破壊欲動がそなわっていて、ほんらいであれば彼は犯罪者になったはずであるが、実際の人生においては、この欲動は主として本人の人格に向けられて（すなわち外部に向けられるのではなく、内部に向けられて）、マゾヒズムと罪責感として表現されたのだと考えると、この矛盾も解消される。彼の人格にはつねに十分な量のサディズム的な傾向が残っていたのであり、それは愛する人にたいして彼が示した怒りっぽさ、意地悪さ、不寛容などとして表現されただけでなく、読者のあしらいにも表現されている。結局のところドストエフスキーは、些細な事柄では破壊欲動が外側に向けられてサディストになり、重要な事柄では破壊欲動が内側に向けられたサディスト、すなわちマゾヒストになった。要するに、きわめて人当たりがよく、温和で、親切な人間になったのである。

ドストエフスキーの人格構造

ここまで、複雑な構造をもつドストエフスキーの人格のうちに三つの要因、すなわち一つの量的な要因と二つの質的な要因を確認してきた。量的な要因としては、異例なほどに激しい情動性があり、質的な要因としては、ドストエフスキーをサド＝マゾヒストにし、犯罪者の素質を与えた倒錯的な欲動体質と、芸術家としての才能がある（この才能については精神分析を行うことはできない）。これらの三つの要素が共存することは、神経症の患者でなければ、ほとんど考えられないことである（ただ、神経症でないほんもののマゾヒストというものは存在する）。

神経症患者の〈顔〉

欲動の要求とこれに対抗する抑止の力関係のうちに引き裂かれていたことを考えると（さらに［芸術という］昇華の道も開けていた）、ドストエフスキーはいわゆる「欲動的な性格」の人物として分類することができるだろう。しかし神経症が加わると状況はあいまいになる。すでに述べたような条件のもとでは、神経症が同時に存在することはありえただろうし、自我によって統一する必要のある人格という複合体の内容が豊かになればなるほど、神経症が発生しやすくなるからである。神経症とは、自我がこうした統合を実現できなかったこと、統合の試みにおいて自我の統一が破綻したことを示す兆候にほかならないのである。

それではドストエフスキーが厳密な意味での神経症患者であったことは、どうやって証明できるだろうか。彼は癲癇《てんかん》もちだと自称していたし、他人にもそう思われていた。彼はしばしば、意識の喪失と筋肉の痙攣を伴う激しい発作を起こし、そのあとで不機嫌になったからだった。ただしこのいわゆる〈癲癇の発作〉なるものは、彼の神経症の症状の一つにすぎなかったのであり、これをヒステリー性の癲癇、すなわち強度のヒステリーの症状として分類する必要があるのは、ほぼたしかなことだろう。

しかし確実な結論を下すのは、次の二つの理由から困難である。第一に、ドストエフスキーのいわゆる〈癲癇〉の病歴の記録に不備があり、信頼できないからであり、第二に、癲癇に類似した発作に伴う病的な状態をどう解釈すべきかが、［一般的に］明確になっていないからである。

癲癇の病理

まず第二の点から考えてみよう。ここで癲癇の病理学の全体を繰り返しても、何も決定的なことは言えないから無益なことであろうが、次のことだけは確実である。かつては〈神聖な病《モルブス・サケル》〉と呼ばれたこの癲癇という病は、現在でも臨床的な統一体とみられている。この不気味な病気には、まったく予測できず、いかなる誘因もなしに起こるように思われる痙攣の発作が伴うだけではなく、怒りっぽく、攻撃的な性格に変貌し、すべての精神的な能力が次第に低下するという現象が伴う。しかしこれらのどれを調べてみても、病像の境界は不確定なままでぼやけてしまう。舌を嚙む動作と排尿を併発して激しく訪れる発作は、頻繁に発生すると生命を危険にさらすような癲癇状態へと高まり、激しい自傷行為を伴うが、また短時間のうちにおさまって、ごく短い眩暈《めまい》状態にすぎないものとなってしまうこともある。この状態では患者は、まるで無意識に支配されているかのように、自分でも意外に思うようなことをするだけなのである。

この発作は純粋に身体的な原因で起こるとしても（その原因はわたしたちには不明であるが）、最初の発作だけは、純粋に精神的な影響（驚愕）によることもありうるし、その後も精神的な興奮に反応して発生することもありうる。ほとんどの場合に、知的な能力の低下が伴うという特徴があるとしても、少なくとも一人の患者（ヘルムホルツ[1]）の場合だけは、この疾患によって知的な能力の高さが損なわれていないことが確認されている（知的な能力が損われていないとされているその他の事例は不確実なものであるか、ドストエフスキーの場合のように、「癲癇かどうか」疑いがあるものである）。

癲癇の発作を起こす人々が、愚鈍であるような印象を与えたり、発達が遅れているようにみえることがあるし、明確な痴呆の症状を伴ったり、脳の能力がきわめて低下している場合もあるが、これは癲癇の病像の不可欠な部分ではない。精神的には完全に発達しているが、情動が過剰であって十分に制御されていない人々にも、こうした発作やさまざまな類型の発作がみられるのである。このような事実を考えると、「癲癇」という情動を臨床的な統一体として把握することはできないと主張されるのも、意外なことではない。外面的に現れる症状が同じであることから、これは「臨床的にではなく」機能的に解釈すべきであるとも思われる。

この解釈によると、異常な欲動が発生すると、それをある器官から排出するメカニズムが存在していて、このメカニズムはまったく異なる状況においても利用されると考えられる。すなわち、組織が毒物によって強く影響されて脳の活動が低下した場合にも、あるいは心的な秩序の制御が不十分で、心の中で作用しているエネルギーが危険なほどに強くなっている場合にも、この同じメカニズムが作用すると解釈されるのである。このように［原因は脳の活動の低下とエネルギーの昂進の］二つに対立しているとしても、その根底で働く欲動の排出のメカニズムは同じだと考えるのである。

これは根本的には毒物が原因である性的なプロセスに類似したものである。古代の医者たちはすでに、性交［の際の恍惚］を〈小さな癲癇〉と呼んでいたのである。性的な行為が、癲癇のような刺激排出の［際に発生する興奮の］緩和であり、調整であることを認識していたのである。

これらのすべてを「癲癇的な反応」と呼ぶことができるだろうが、神経症もこうした反応を利用するものであることは明らかである。神経症とは本質的に、心的な方法では処理しえない量の興奮を、身体的な方法で処理することだからである。だから癲癇の発作は、通常の性交［において刺激が排出されるの］と同じように、ヒステリーの兆候の一つであり、ヒステリーによって調整され、緩和されるのである。

ところで器質的な癲癇と「情動的な」癲癇を区別するのは理に適《かな》ったことであり、

実質的な意味がある。すなわち器質的な癲癇の患者の場合には脳に障害があり、情動的な癲癇の患者は神経症の患者なのである。器質的な癲癇の患者にあっては、精神生活が外的な［器質的な］障害の影響をうけているのだが、情動的な癲癇の患者にあっては、こうした障害というのも、精神生活の一つの表現なのである。

ドストエフスキーの癲癇

ドストエフスキーの癲癇はおそらく、この情動的な癲癇だったのだろう。それを厳密に証明することはできない。これを証明するには、最初の発作の発生とその後の発作の〈揺れ〉を、彼の精神生活と関連づけなければならないが、これについてはほとんど知られていないのである。発作の記述そのものは、わたしたちが判断を下すには役に立たない。発作と彼の体験との関係についての情報は不足しているし、しばしば矛盾しているのである。発作はドストエフスキーの幼年期にまでさかのぼるものであり、最初はごく穏やかな症状で収まっていたが、一八歳のときに、父親の殺害事件という激しい興奮を引き起こす体験をした後に、癲癇という形をとるようになったと考えるのが適切だろう。*2

シベリアの流刑時代には、癲癇は完全に収まっていたことが証明できると好都合なのだが、これを否定する情報が存在する。[*3]『カラマーゾフの兄弟』における父親殺しは、ドストエフスキーの父親の［殺害されるという］運命と明確な関係があることには、さまざまな伝記作者も注目している。これによって「ある種の近代的な心理学の方向」に進むようになったのである。この「方向」では、この体験こそがドストエフスキーの最大のトラウマであり、この体験にたいするドストエフスキーの反応にこそ、彼の神経症の核心が潜んでいるのだと、精神分析的に解釈しようとするのである。

若年の仮死体験

しかしこの解釈を精神分析によって根拠づけようとすると、精神分析に固有の説明方法や理論に不慣れな人々には、理解しがたくなってしまうのではないかと懸念される。

それでも出発点として確実に利用できる事実がある。「癲癇」が発症するずっと前に起きたドストエフスキーの若年の発作の意味が明らかなのである。この発作は死と同じ意味をもっていたのであり、死の不安によって発作が始まり、嗜眠性の催眠状態にいたったのである。ドストエフスキーがまだ少年だった頃に、この病は突然のように、根拠不明な憂鬱状態として襲ってきたのである。後に友人のソロヴィヨフに語ったところでは、まるですぐにでも死んでしまうような感覚に襲われたのだという。そして実際に死にひとしいような状態がつづいて発生したのだった……。弟のアンドレイの報告によると、兄のフョードルは若い頃から眠りにつく前に、「夜のうちに仮死状態になって、死んでいるように見えるかもしれませんが、埋葬するのは五日間だけ待ってください」と紙片に書いて置いておくのが常だったという（前掲の『ルーレットをするドストエフスキー』の序章六〇ページ参照）。

このような仮死状態の発作がどのような意味と意図をそなえたものであるかは、わたしたちにはすでに周知のことである。それは死者との同一化を、すでに死んでいる人物あるいはまだ生きているものの、ひそかにその死を願っている人物との同一化を意味しているのである。そのうちで重要なのはまだ生きている人物との同一化である。その場合にはこの発作は、自己を罰するという意味をおびる。ある人が死ねばいいと願っているのだが、願っている本人がその人になり代わって死んでいるのである。精神分析の理論では、子供が死を願っているこの人物は、ふつうは父親であり、この発作は（ヒステリーの発作と呼ばれる）、憎んでいる父親の死を願ったことにたいして、自己を罰するという意味がある。

個人にとっても人類にとっても、その最初の犯罪、そしてもっとも重大な犯罪が父親殺しであるという理論はよく知られている。*4 これが罪悪感の主要な源泉であるのはたしかである（唯一の源泉であるかどうかは不明であるが）。これまでさまざまな研究が行われてきたが、罪と贖罪の意識が精神のどのような源泉において発生しているかについて、確実なことは語れない。しかしこの源泉は、ただ一つであるとはかぎらない。これにまつわる心理学的な状況は錯綜したものであるので、説明する必要があるだろう。

去勢の恐怖

少年と父親の関係は、精神分析の用語で語ると、両義的《アンビヴァレント》なものである。少年は「母親との愛情の関係で」父親をライヴァルとみなし、殺したいとまで憎んでいるが、同時に父親への愛情もある程度は存在している。この憎悪と愛が合流して、少年は自分を父親と同一視するようになる。父親をすばらしいと思うから父親にとって替わりたいと願う一方では、父親のようになりたいと思うので、父親を亡きものにしようと願うのである。しかしこの全体のなりゆきは、きわめて大きな障害に直面する。少年はある瞬間に、ライヴァルである父親を殺そうとすると、その父親によって去勢で処罰されてしまうだろうということを理解するのである。少年は去勢を恐れ、自分が男性でありつづけたいと願う。そのため、父親を殺害して母親を自分のものにしたいという願いを放棄するのである。しかしこの願望が無意識のうちに保存されると罪悪感の素地になる。わたしたちは、これは少年の経験する正常なプロセスであり、いわゆるエディプス・コンプレックスのたどる正常な運命だと考えている。しかしここで重要な補足をしておきたい。

少年のうちに、「男性的な性格と女性的な性格が併存する」両性的な性格という素質要因が強く形成されている場合には、状況はまさに複雑なものとなる。去勢されて男性でなくなるという恐れのために、女性になることに逃げ道をみいだそうとする傾向が強まるのである。むしろ「父親ではなく」母親にとって替わりたい、父親の愛情の対象としての役割をうけつぎたいと願うのである。しかし去勢不安のために、この解決方法も不可能になってしまう。女性になって父親に愛されるためには、去勢されなければならないことが理解されるからである。

こうして父親への憎悪と父親への愛情というどちらの情動も抑圧されることになる。去勢という外的な危険への不安のために父親への憎悪を捨てる場合には、［愛を抑圧する場合とは］心理学的にある違いが生まれる。父親への愛情は、内的な欲動にそなわる危険性として処理されるのだが、これも根本的に［去勢という］同じ外的な危険に帰着するわけである。

少年が父親への憎悪をそのまま維持できないのは、父親への不安が存在するからである。去勢されるのは、罰としても愛されるための代価としても、恐ろしいことである。父親への憎悪を抑圧する二つの要因のうちの第一の要因、すなわち罰として去勢されることへの直接的な不安は正常なものと呼ぶべきである。それが病的なまでに強くなるのは、第二の要因、すなわち去勢されて女性になることへの不安が加わった場合にかぎられるようである。

両性的な素質

両性的な素質が強いと神経症の発生条件となり、また神経症の症状を重くする要因となる。ドストエフスキーにこのような素質があったことは確実とみられており、潜在的な同性愛の性向として、実際にありうる形で示されているのである。たとえばドストエフスキーの生涯において男性の友人との友情関係が大きな意味をもっていたこと、［異性との］愛情関係における［男性の］ライヴァルに異例なほどの情け深さを示したこと、短編小説の数多くの実例にみられるように、抑圧された同性愛が存在することで初めて理解しうるような状況に深い洞察を示していたこと、などが挙げられるのである。

精神分析に不慣れな読者には、子供が父親に憎悪と愛情を抱くこと、そして去勢の恐れの影響で、こうした感情がさまざまに変化していく経緯について、このような説明を読まされると、信じがたいとか、面白くないといった気持ちを抱かれるかもしれないが、それはわたしとしてはどうしようもないことである。わたし自身も、この去勢コンプレックスというものが、人々からもっとも拒否される理論だと考えている。しかし精神分析の経験からすると、このコンプレックスの存在から起こるさまざまな状況は疑問の余地のないものである。このコンプレックスのうちに、すべての神経症を理解するための鍵が存在していると、断言できるのだ。だからわたしたちはドストエフスキーのいわゆる癲癇を理解するための鍵として、このコンプレックスが役立つかどうかを調べねばならない。

超自我の審級

しかしわたしたちの無意識の精神生活を支配しているものは、意識からはきわめて遠いものである。エディプス・コンプレックスのうちに潜む父親への憎悪を抑圧したために生じる結果については、これまで述べてきたことがすべてではない。ここで新たにつけ加えておかねばならないことは、父親との同一化が結局のところ自我のうちで強引に持続的な位置を占めるようになるということである。これは自我のうちにうけいれられるが、特別な審級として自我のその他の内容と対立するようになる。わたしたちはこの審級を超自我と呼んでいるが、これは両親の影響をうけつぐものとして、きわめて重要な機能をはたすのである。

父親が厳しく、暴力的で、残酷な人物だった場合には、超自我もこの父親の性格をうけつぐ。そして超自我との関係のうちで自我は受動性という性格をおびるようになる（この性格こそが抑圧されるべきものだったのだが）。そして超自我はサディスティックになり、自我はマゾヒスティックに、すなわち根本的に受動的で女性的なものになる。自我のうちには、罰せられることを求める強い欲求が発生し、自分の運命を甘受するようになるか、あるいは（罪悪感のために）超自我から虐待されることに満足を覚えるようになる。すべての処罰は、根本的に去勢と同じ意味をもつのであり、父親にたいする古くからの受動的な姿勢を実現するものである。結局のところ運命とは、父親の像が後代になってから投影されたものにすぎないのである。

良心が形成されるための正常なプロセスは、ここで説明した異常なプロセスに類似したものに違いない。わたしたちはまだ、この二つのプロセスを明確に区別することに成功していない。ただし抑圧された女性的な性格のうちの受動的な構成要素の多くは、そこから生まれたものと考えられる。さらに、すべての場合において父親は恐怖の対象となっているが、その父親が実際にきわめて暴力的な人物であったかどうかという偶然的な要素も、重要な意味をもつ。ドストエフスキーの場合にはまさにこのことがあてはまる。ドストエフスキーが、異例なほどに強い罪悪感に悩まされていたことと、そしてマゾヒスティックな生活態度を示していたことは、彼のうちで女性的な要素がきわめて強かったことの結果と考えられる。

両性的な素質と去勢の恐怖

だからドストエフスキーの性格を要約してみると、特に強い両性的な素質があったことで、きわめて厳格な父親に依存することに激しく抵抗できたと言えるだろう。これまでドストエフスキーの性格の本質的なものとして考えられてきた特徴に、この両性的な性格を加えてみよう。そうすると、ごく若い頃から示してきた「仮死状態の発作」という症状は、超自我が自我に罰として、父親と同一化することを認めたために発生したものだと理解できるのである。［超自我は自我にこう語るのである。］〈お前は父親になり代わりたくて、父親を殺そうと願っていた。そして今、お前は父親になり代わった。しかし死んだ父親にである〉と。これはヒステリー症状のごくありふれた経過である。ただし〈今度は父親がお前を殺すのだ〉というわけである。

自我にとってこの仮死状態の症状は、［父親を殺すという］男性的な願望が幻想のうちで実現されたことを意味すると同時に、［父親に殺されるという女性的で］マゾヒスティックな願望が満たされたことを意味する。一方、超自我にとってこの仮死状態の症状は、処罰するという願望の充足であり、サディスティックな願望の充足である。

この症状では自我と超自我の両方が、交互に父親の役割を演じつづけているのである。これを全体としてみると、ある人格とその関心の対象である父親との関係が、その内容を維持したまま、自我と超自我の関係に転換されているのであり、同じ脚本が第二の舞台で新たに演じられているのである。エディプス・コンプレックスによるこうした幼児的な反応は、現実から新たな栄養物をうけとらないときには消滅することもあるだろう。しかしドストエフスキーの場合には父親の［厳格な］性格に変化がなく、しかも高齢になるとますます厳格になったのである。そのためドストエフスキーの父親憎悪はそのまま維持され、悪しき父親が死ねばよいという願望も生きつづける。ところでこのように抑圧された願望が現実に満たされるということは、危険なことである。幻想が現実となるわけであり、それを防ぐためのすべての防衛規則もまた強化される。こうしてドストエフスキーの発作は癲癇のような性格をおびるようになる。この発作はなお、処罰としての父親との同一化でありつづけるが、父親の恐ろしい死と同じように、恐るべき発作となったのである。この発作がそのほかにどのような内容をもっているのか、とくにどのような性的な内容をもっているのかは、推測することもできない。

父親殺しの恍惚と悲哀

一つだけ注目すべきことがある。発作の前駆症状《アウラ》のうちで、至高の恍惚状態が一瞬だけ訪れるが、それは父親の死の知らせをうけとったときの勝利と解放の感覚が固着したものだろう。しかしこの恍惚の瞬間の直後に、残酷な罰が待っているのであった。このように凱歌に悲哀がつづき、お祭り騒ぎのような満足に悲哀がつづくのだが、原始部族の父親を殺害した息子たちもこうした状態を経験した、とわたしたちは考えている。トーテム聖餐の儀式においても、凱歌に悲哀がつづくことが繰り返されるのである。

ドストエフスキーはシベリアでは発作を起こしていないというのが正しいとすれば、それは彼の発作が自己の処罰だったことを証明しているにすぎない。別の形で罰せられているならば、重ねて自己を処罰する必要はないからである。ただしこれは証明することはできない。ドストエフスキーにとって処罰がこれほどに必要だったことは、彼の心的な秩序によるものであり、これによって悲惨と屈辱の長い年月を耐え抜くことができたのである。ドストエフスキーは政治犯として有罪の宣告をうけたが、実際は無実であったし、自分でもそのことは知っていたはずである。しかし彼はこの不当な罰を、父親としてのツァーから、現実の父親に犯した罪にたいする処罰に代わるものとして、うけいれたのである。ドストエフスキーはみずからを罰する代わりに、父親の地位を代理するツァーによって罰せられようとしたのである。社会から下された罰を「それが現実には不当なものだったとしても」是認しようとする心理学的な根拠づけの片鱗が、ここにうかがえる。犯罪者のうちには、罰せられることを願っている者が多いのはたしかである。犯罪者の超自我がそれを要求するのであり、それによってみずから罰する手間を省こうとするのである。

ヒステリーの症状のもつ意味は錯綜しており、変化しつづけるものであることを認識している人ならば、ドストエフスキーの発作の意味について、ここでは初歩的な解明を越えて、もっと深く根拠づける試みを放棄する理由を理解できるだろう。[*5] ただ、ドストエフスキーの発作のほんらいの意味が、後の段階でさまざまな堆積物がその発作に重なった後になっても変化しなかったと想定できれば、ここでは十分である。彼は父親を殺そうと考えたことによって良心に痛みを感じたのであり、この痛みから生涯にわたって解放されることがなかったのである。

国家と宗教

この良心の痛みは、父親との関係がきわめて重要な意味をもつ二つの領域、すなわち国家の権威と神の信仰の領域において、ドストエフスキーが示す姿勢も決定することになった。第一の国家の権威の領域においては、父なるツァーに全面的に服従することになった。ドストエフスキーはその発作のうちで、みずからの死をあらかじめ演じていたのであるが、ツァーは現実において、［ドストエフスキーに茶番の死刑を宣告しながら、直前にそれを取り消すことによって］彼の殺害を実現するという〈喜劇〉を演じていたのである。この領域では罪の償いに重点が置かれた。

第二の宗教の領域ではドストエフスキーにはもっと大きな自由が残されていた。信頼できるとみられる報告によると、彼は死を迎える瞬間まで、信仰と無神論のあいだを揺れ動いていたという。優れた知性をそなえていたために、神を信仰することによって思考のうちに発生する困難な問題を、一ったりとも見逃すことはできなかった。世界史の発展のうちで生じたさまざまな出来事をわが身において再現しながら、キリストの理想のうちに逃げ道と罪からの解放を求めたのだった。彼は自分の苦悩の深さによって、みずからキリストのような役割をはたすことを要求できると考えたのである。

ただし全体的には、それによってドストエフスキーは自由になることができず反動家になったのであるが、それは人類一般の「父親を殺害した」息子としての罪「の感情」が（これが宗教感情の土台となっているのである）、彼においては超個人的な強さに達していたからであり、あの優れた知性をもってしても、これを克服することはできなかったからである。

読者のうちには、わたしたちが不偏不党性という精神分析のほんらいの原則を投げ捨てて、特定の世界観に基づく党派的な立場に立たなければ正当とは言えないような尺度で、ドストエフスキーの価値を評価していると非難する方もおられるかもしれない。保守的な立場からであれば、『カラマーゾフの兄弟』の大審問官の立場を擁護して、ドストエフスキーにもっと異なる評価を下すことだろう。この非難は正しいのである。わたしたちにはただ、ドストエフスキーの生涯の選択は、彼の神経症の結果である思考障害に影響をうけているのではないかと指摘して、この非難にわずかながら答えることしかできない。

父親殺しの三大傑作

古今をつうじた文学の三大傑作が、どれも父親殺しという同じテーマを扱っているのは偶然ではない——ソフォクレスの『オイディプス王』、シェイクスピアの『ハムレット』、そしてドストエフスキーの『カラマーゾフの兄弟』である。これら三つの作品ではどれも、父親殺しの動機が、一人の女性をめぐる性的なライヴァル関係にあることも明かされている。そのことをもっともはっきりと語っているのが、ギリシアの伝説に基づいた悲劇『オイディプス王』の筋立てだろう。この悲劇では主人公がみずから父親を殺害しているのである。しかしある程度は表現を緩和し、包み隠さずには、詩的な作品として作りあげることはできない。精神分析では、主人公が父親を殺害するという意図をもっていることを明確にしようとするのだが、それがあからさまに主人公の口から語られたのでは、精神分析的な準備のない読者には、耐えがたいことだろう。

ギリシア悲劇［の『オイディプス王』］では、事実を曲げずに、巨匠の手腕によって、主人公の意図が緩和されているのであるが（意図を緩和するのは、どうしても必要なことなのである）、そのために主人公の無意識的な動機が、主人公にとっては認識できない運命の強制によって実現されるのである。主人公は意図せずに、そして一見すると女性からの影響をうけずに、父親を殺害することになっている。それでも女性をめぐるライヴァル関係は筋の中に組み込まれている。主人公は［それと知らずに父親を殺害した後に］、父親を象徴する怪物［スフィンクス］を退治した後でなければ、すなわち第二の父親殺しを実行した後でなければ、実の母親である王妃を手に入れることはできないのである。オイディプスは自分の罪が暴かれてそれを意識した後になっても、その行為が運命の強制であったという作者の筋書きの助けを借りて責任逃れをすることはない。自分の罪を認め、意識したうえで犯した完全な罪であるかのように、みずからを罰するのである。これは熟慮してみれば不当なことにみえるかもしれないが、心理学的にはまったく正しいことなのである。

これにたいしてイギリスの悲劇［『ハムレット』］の場合には、描写はもっと間接的であり、主人公が父親殺しを実際に行うのではなく、別人が犯罪を実行する。実行者にとってはこの犯罪は、父親殺しではないのである。だからといって、一人の女性をめぐる性的なライヴァル関係という不愉快な動機のほうは隠蔽されていない。［殺害者である」叔父による父親の殺害が、主人公のハムレットにどのような影響を及ぼしているかを調べることで、主人公のエディプス・コンプレックスがどのような間接的な働きをしているかを理解できるのである。主人公は叔父に復讐しなければならないと思うが、不思議なことに復讐を実行できないことに気づくのである。

わたしたちは、ハムレットを行動できなくしているものが、彼の罪悪感であることを知っている。この罪悪感は、［ほんらいは自分で父親を殺害したいという欲望をもっていたことにたいする罪悪感であるが、それが］復讐という課題を遂行できないという感覚から生まれた罪悪感に姿を変えているのである。これは神経症ではごくふつうにみられるプロセスである。主人公はこの罪を、超個人的なものと感じているように描かれている。彼は自分だけではなく、他人も軽蔑しているからである。「人をその人相当に待遇したら、むちをまぬかれる者はだれもいないじゃないか？[2]」というわけである。

『カラマーゾフの兄弟』

ロシアの小説［『カラマーゾフの兄弟』］はこの方向をさらに一歩進める。この小説でも父親を殺害したのは［息子ではなく］他人であり、女性をめぐるライヴァル関係にあって［父親殺害の］動機をしばしば明かしていた主人公のドミートリーではない。しかしその他人というのも、殺害された父親にとってはドミートリーと同じように息子の関係にあるのであり、ドミートリーの兄弟でもある。ここで注目すべきところは、ドストエフスキーがこの人物に自分の病気を負わせていることであり、この男は癲癇患者なのである。あたかもドストエフスキーは、自分のうちの癲癇患者が、神経症の患者が、父親を殺したと認めているかのようである。

また法廷での弁論では、心理学への有名な嘲笑が展開される。心理学というものは、まるで両刃の剣のようなものだと嘲笑されるのである(3)。この弁論を裏返せば、ドストエフスキーの考え方のもっとも深い意味を理解することができる。これは手の込んだ隠蔽作業なのである。ドストエフスキーが嘲笑しているのはほんとうは心理学ではなく、裁判の捜査手続きである。その犯罪に実際に手を下したのが誰であるかは、どうでもよい問題なのである。心理学にとって重要なのは、この犯罪を心のうちで望んでいたものは誰なのか、そして犯罪が実行された際に、これを喝采したのは誰かということである。

だからカラマーゾフ家の兄弟のうちで、他の兄弟と対照的な人物として描かれているアリョーシャに至るまですべての兄弟たちは［心理学的には］有罪なのである。衝動的に欲望の享受を望むドミートリーも、シニックな懐疑主義者のイワンも、実際に犯罪を実行した癲癇患者のスメルジャコフも、みんな同罪なのである。

この小説『カラマーゾフの兄弟』のうちには、きわめてドストエフスキーらしいシーンが描かれている。かの長老［ゾシマ］がドミートリーと話しているときに、自分のうちにも父親殺しの情熱が潜んでいることに気づいて、ドミートリーの前に身を投げだすのである。(4) これは長老にドミートリーを賛美する感情があったものと理解すべきではない。この聖人が、殺人者を軽蔑したいとか、嫌悪したいという誘惑をみずからに感じて、その誘惑を感じたことで、［潜在的な］殺人者の前にへりくだった姿勢を示したと理解すべきである。

犯罪者との同一化

ドストエフスキーがこの殺人者に示す同情は限りのないものであり、たんなる不幸な者への同情の域をはるかに越えている。古代には癲癇患者や狂者は神聖な恐怖を引き起こす者として恐れられたが、そうした恐怖を思わせるものがある。ドストエフスキーには犯人がまるで救済者のようにみえているかのようである。その犯人がやっていなければほかの人が犯したはずの犯罪を、わが身に引き受けているからである。犯人がすでに殺人を犯したので、ほかの人々はもはやこの罪を犯す必要がなくなったのであり、犯人が殺してくれなかったなら、自分がみずから手を下さねばならなかったことを考えると、犯人に感謝しなければならないと言わんばかりである。そこにあるのは好意に満ちた同情だけではない。そこでは同一化が行われているのである。それは犯人と殺人の衝動を共有しているからであり、そこではわずかに位置をずらせたナルシシズムが働いているのである。

ただしこの「ドストエフスキーの殺人者への」好意の倫理的な意味には、疑問の余地はない。他人にたいして好意に満ちた同情を抱くときには、一般にこのような構造になっているとも考えられる。きわめて強い罪悪意識に支配されているドストエフスキーでは、その構造がすぐに見通せるようになっているだけかもしれないのである。ドストエフスキーがこの小説の素材を選択するにあたっては、この同一化による犯人への同情が決定的な役割をはたしたのは確実だ。ただし初期の頃には、ごくふつうの犯罪者を小説の素材にしていた。利己心による犯罪者や政治的な犯罪者、宗教的な犯罪者を素材にしていたのである。そして晩年になってから、原犯罪ともいうべき父親殺しに立ち戻ったのであり、この犯罪者の口から、文学者らしい方法でみずからの罪が告白されたのである。

賭博熱

ドストエフスキーが書き残した文章と、妻の日記が公表されたために、彼の生涯の一つのエピソード、すなわちドイツに滞在している頃にとり憑かれていた賭博熱に、きわめて強いスポットライトがあてられることになった（『ルーレットをするドストエフスキー』参照）。これが病的な情熱の発作であることは疑いのないところであり、いかなる側面からも、別に解釈する余地はない。文学者にふさわしくないこの注目すべき振る舞いについて、合理的な解釈をする試みもないわけではない。神経症の患者にはしばしばみられることだが、借金の重荷《シュルデンラスト》が罪悪感《シュルトゲフュール》の明白な代理となったのであり、ドストエフスキーは、賭博で勝てば、［自分の雑誌の経営で負った借金の］債権者たちによって投獄されずにロシアに帰国できるという口実を利用することができたのである。

しかしこれは口実にすぎず、ドストエフスキーは、それが口実であることを認識するだけの聡明さをそなえていたし、そのことを認めるだけの誠実さもそなえていた。彼は、自分にとって賭博の醍醐味は、賭博そのものにあること、賭博のための賭博であることを知っていた。*6 彼の衝動的で無意味な言動のいちいちがそのことを証明しており、さらにそれ以上のことも明らかにしている。

ドストエフスキーはすべてを失うまでは、気分が落ち着かないのである。賭博は彼にとっては自己処罰のひとつの形式だった。まだ若い妻に何度も繰り返して、もう絶対に賭博はしないとか、今日は絶対に賭博に手をださないとか約束したり、誓ったりしたのだった。しかし妻の証言によると、彼はほとんど毎回のように、この約束を破った。勝負で大損をして、自分と妻が極度の困窮に追いやられると、彼はそこから第二の病的な満足をえたのである。妻の前で自分を罵倒し、卑下し、妻に自分を軽蔑するように求め、罪深い年寄りと結婚したことを悔やむがよいと求めることができたからである。このようにして良心の呵責を逃れると、その翌日はまた賭博にでかけるのであった。

若い妻はこの繰り返しにやがて慣れていった。というのは、真の意味で二人を救ってくれることを期待できるのは、小説の執筆だけであること、そして二人がすべてを失い、最後の持ち物まで質にいれたときには、小説の執筆が順調に進むことに、気づいたからである。もちろん彼女は、この心理的な状況を理解したわけではない。「ここでその心理的な状況を分析してみると」ドストエフスキーが「賭博に負けて」自分を処罰することで、自分の罪悪感を満足させると、執筆を妨げていた原因が取り除かれ、こうして文学的な成功への道を進もうという気分になるのだった。[*7]

ツヴァイクの小説の賭博熱

ある若い作家のひとつの短編では、すっかり忘却の彼方にあった幼年時代の生活の小さなひとこまが、強迫的な賭博衝動となって再現されることが巧みに描きだされている。この作家はシュテファン・ツヴァイクで、彼はみずからドストエフスキー論を執筆しているが（『三人の巨匠』[5]）、三つの短編を集めた『感情の混乱』という短編集に「女の二十四時間」という小説を収録している。[6] 作者によると、この優れた短編が目的とするところは、女性というものがいかに無責任であるか、生活のうちの思いがけない印象に影響されて、自分で驚くほどの埒外の行動にでるものであるかを示すことにすぎないという。

しかしこの小説はさらに深い洞察を示しているのであり、精神分析の方法で解釈するならば、そこに示されているのは（作者にはそんなつもりはないだろうが）、作者の考えているのとはまったく別の人類一般の特徴、むしろ男性的な特徴なのである。そしてこうした解釈の正しさが実感されるので、誰にもこれを否定することができないのである。この著者はわたしの友人であるが、わたしが分析の内容を彼に語ったところ、そのようなことは考えていなかったし、執筆の際に意図していたこともなかったと断言した。しかしこの小説の細部の描写には、「精神分析によって初めて解明することのできるような」秘密の通路を指し示すために描かれたとしか思えない描写が多いのである。作者すらそのことを認識していなかったことこそ、優れた芸術作品の創造の特徴なのである。

このツヴァイクの作品は、身分の高い年配の女性が、二〇年以上も前に経験したある出来事について作者に語るという構成になっている。早くに夫と死別していたこの女性は、二人の息子がもう手のかからなくなっていたこともあって、もはや将来に期待することは何もなくなっていたが、四二歳のときにあてのない旅行にでかけたのだった。あるときモナコのカジノの賭博場を訪れて、その場のさまざまな興味深い事物から強い印象をうけた。やがてある人の両手の動きの与える印象に、魅惑されたのだった。賭に負けつづけていたこの人のすべての感情の動きを、この両手が心を揺さぶるような率直さで、しかも激しく表現しているようにみえたのである。

この両手の持ち主は美貌の青年であり（作者はたくまずしてこの青年の年齢を、青年を眺めている女性の長男と同じ年齢にしている）、すべてを失うと、絶望のどん底につき落とされて、賭博場を去っていった。おそらく公園にでも行って、望みなき人生に別れを告げようとしたのだろう。女性は説明のつかない同情心に駆られ、若者のあとを追った。彼を救うためにどんなことでもやってみようとしたのである。

若者はこの女性を、そのあたりに多いおしつけがましい女性［娼婦］の一人だろうと思って追い払おうとしたが、彼女は若者から離れず、ごく自然な成り行きから同じホテルに宿泊し、やがてはベッドを共にすることになった。仮初《かりそめ》の情熱の夜を過ごしたのち、どうやら落ち着きを取り戻したらしい若者に、彼女は重々しい雰囲気のもとで、二度と賭博はしないと誓わせた。そして故郷に帰国するために必要な金額を与え、列車が出発する前に、駅で落ち合おうと約束したのだった。

しかし彼女の心のうちに強い愛情が芽生え、若者を自分のものにしておくためにすべてを犠牲にする決意をしたのである。そして駅で若者に別れを告げるのではなく、若者とともに旅立とうとした。しかし思いも掛けぬ出来事が起こり、彼女は列車に乗り損ねる。旅立っていったはずの若者がなつかしくて、ふたたび賭博場を訪れてみると、意外にも彼女に最初に同情心を起こさせた例の両手をそこにみいだしたのだった。約束を忘れた若者が、賭博場に戻っていたのである。

彼女は若者に約束を思いださせようとしたが、賭博の情熱に駆られている若者は、勝負の邪魔だと罵るばかりであり、〈あっちにゆけ〉と、彼女が若者を救おうとして与えた〈身の代金〉と同額の金を投げつけるのだった。彼女は深い屈辱に塗《まみ》れてその場を立ち去るしかなかった。そして後に、彼を自殺から救おうとした彼女の試みが結局は失敗に終わったことを耳にしたのだった。

幼児期のオナニーと賭博

動機づけも申し分なく、じつに巧みに構成されたこの作品は、それだけで独立したひとつの完全な物語であり、読者に強い感銘を与えるのはたしかだろう。しかし精神分析によってこの着想が、多くの人々がまだ意識に記憶している思春期のひとつの願望空想を古い土台とするものでもあることが明らかになるのである。この空想は、忌まわしいオナニーの害から子供を守るために、みずから性生活に導いてやりたいという母親の空想なのである。しばしばみられる救済の物語は、この同じ根源から生まれているのである。この小説では、オナニーという「悪徳」が、賭博願望という悪徳に替えられていることは、若者の両手の情熱的な動きが強調されていることからも明らかである。

実際に賭博《シュピール》への熱中は、かつてのオナニー衝動の代替物であり、子供たちのあいだでは両手でペニスをいじることが、まさしく「遊び《シュピール》」という言葉で呼ばれているのである。「賭博とオナニーに共通しているのは」誘惑の抗しがたさであり、二度としないという聖なる決意が決して守られないことであり、とろけるほどの快感であり、自分が破滅するのではないか（自殺にひとしいのではないか）という疚しき良心である――これらは「オナニーの代わりとなった賭博においても」そのまま変わらずに維持されているのである。

ツヴァイクの小説は、息子ではなく、母親が語ったことになっている。しかし息子にとって、オナニーがどれほどの危険をもたらすものであるかを悟ったならば、母親はきっと自分にあらゆる愛情を注いで、みずからの肉体をもって自分を救ってくれるに違いないと考えるのは、楽しいことに違いあるまい。この小説では若者はこの女性を最初は娼婦と間違えるが、これも同じ空想状況に基づいたものである。娼婦は、手にいれにくいものをすぐに手にいれるための手段である。この空想には疚しい良心がつきものであり、そのことはこの小説の悲劇的な終わりかたに現れている。

母親の近親相姦幻想

また作者がこの短編小説に与えた表向きの意味が「すなわち、女性の無責任さを示すだけのものだという作者の言葉が」、精神分析的な意味を隠そうとしていることは、きわめて興味深い。というのは女性の愛情生活が、突然に謎めいた衝動によって支配されると考えるのは奇妙なことだからである。それまで愛情生活の面では〈枯れて〉いた女性が意外な振る舞いをする背景にあるさまざまな理由を、むしろ精神分析によって明らかにできるのである。

亡くなった夫の思い出に忠実だったこの女性は、夫と似た印象を与えるすべての男性からの愛の呼び掛けを拒絶していたのだった。しかし母親であるために、まったく無意識的な息子への愛情の転移を免れることはできなかったので（これについては［母親が自分に身をまかせてくれるに違いないという］息子の空想は根拠があるのである）、この無警戒なところで［若者の姿で］運命が彼女を襲ったのである。

ドストエフスキーの賭博熱、オナニー、去勢幻想

この賭博への情熱は、何度決意してもやめることができず、自己処罰の機会を与えるものとなったのだった。それが思春期のオナニー強迫が再現されたものであったと考えるならば、この賭博熱がドストエフスキーの生涯でこれほど大きな場所を占めていたことは、まったく不思議ではないのである。なぜならすべての重篤な神経症の患者において、その幼年期や思春期に自己性愛的な満足［オナニー］が重要な役割をはたしていることが確認されているからである。オナニーをやめようとする努力が父親への恐怖と関係があることは、あまねく周知のことなので、ここでこれ以上説明する必要はないだろう。*8

原注

＊1　［ルネ・フュレップ＝ミラー］『知られざるドストエフスキー』（一九二六年）で、この問題をとりあげている部分を参照されたい。シュテファン・ツヴァイクは『三人の巨匠』（一九二〇年）において、「ドストエフスキーは市民的な道徳の垣根を越えることに躊躇しなかった。彼が生涯において、どこまで法律の限界を越えたのか、作中人物をつき動かしている犯罪者としての本能が、実際にどこまで彼のうちで働いていたのか、誰も知らないのである(7)」と述べている。ドストエフスキーの作中人物と彼みずからの経験が密接に関係していることについては、ルネ・フュレップ＝ミラーの『ルーレットをするドストエフスキー』（一九二五年）の序章の説明を参照されたい。これはニコライ・ストラホフの説明に依拠したものである。

＊2　これについては、ルネ・フュレップ＝ミラーの論文「ドストエフスキーの聖なる病」を参照されたい（『知識と生活』一九二四年、一九／二〇号）。とくに注目されるのは、ドストエフスキーの幼年期に「何か恐ろしいこと、忘れがたいこと、苦悩の源泉となること」が発生したのであり、彼の苦悩の最初の症状はこの体験にさ

かのぼるという記述である（これは、『ルーレットをするドストエフスキー』の序章四五ページに引用されているスヴォーリンの『ノヴォイェ・ヴレーミヤ』一八八一年の記事による）。またオレスト・ミラーの『ドストエフスキーの自伝的な作品』では、「フョードル・ミハイローヴィッチ〔・ドストエフスキー〕の病気には、もっと別の説がある。ごく幼い頃の両親の家庭生活における悲劇的な事件にかかわりがあるというのである。わたしはこの説をフョードル・ミハイローヴィッチにごく近かった人物から直接に聞いたのだが、この噂を実証する材料を誰からも確認することができなかったので、ここでその説について詳細かつ正確に述べる決意をもてない」と書かれている（一四〇ページ）。伝記作者の観点からも、神経症の研究者の観点からも、このような遠慮は感謝の対象となるものではない。

＊3　ドストエフスキー自身が語った言葉を含めて、多くの証言はこれと反対に、彼の病はシベリアの流刑時代に決定的な癲癇の性格を示し始めたと伝えている。しかし神経症の患者の自伝的な証言というものは信用しがたいものである。これまでの経験から、神経症の患者の記憶には改竄が含まれていることが明らかになっているのであり、好ましくない因果関係の連鎖を断つ傾向がある。ただしシベリアの監獄に

収容されていたことが、ドストエフスキーの症状に大きな変化をもたらしたのは確実らしい。これについては前掲の「ドストエフスキーの聖なる病」の一一八六ページを参照されたい。

＊4 フロイト『トーテムとタブー』参照。

＊5 前掲の『トーテムとタブー』を参照されたい。ドストエフスキーの発作の意味と内容について、もっとも信じられる情報を伝えているのは、彼が友人のストラホフに語った言葉である。彼は、癲癇の発作の後に怒りっぽい鬱状態になるのは、自分が犯罪人のように感じられるからだと語ったのである。彼はなにか大きな罪を犯してしまって、自分でも知らない罪を負わされているという感情に、圧迫されるのだという（「ドストエフスキーの聖なる病」一一八八ページ参照）。精神分析家は、このような患者の訴えのうちに、「心的な現実」の片鱗を認識するのであり、この〈自分でも知らない罪〉がどのようなものであるかを患者の意識に上らせようと努力するのである。

＊6 ドストエフスキーはある手紙で「大切なのは賭博そのものです。誓って言いますが、賭博するときに働いているのは、貪欲などではありません。もちろんわたしが

何よりもお金を必要としていたのはたしかですが」と説明している。

＊7　ドストエフスキーは、完璧に負けてしまうまで、賭博のテーブルを去らなかった。完全にうちのめされるまで、そこから立ち去らなかった。不幸が完全なものとなって初めて、彼の魂から悪霊が立ち去り、創造の天才《ゲニウス》が魂を訪れたのである（ルネ・フュレップ＝ミラー『ルーレットをするドストエフスキー』序章八六ページ）。

＊8　ここに示した見解の多くは、一九二三年に発表されたヨラン・ノイフェルトの卓越した著作『ドストエフスキー、その精神分析の素描』（イマーゴ叢書第四巻）に示されている。

訳注

（1）ドイツの著名な生理学者で物理学者のヘルマン・ルートヴィヒ・フェルディナント・フォン・ヘルムホルツ（一八二一～九四）は、癲癇もちだったと伝えられる。

（2）シェイクスピア『ハムレット』第二幕第二場。市河三喜・松浦嘉一訳、岩波文庫、七五ページ。

（3）第四部一二篇。

（4）ドミートリーは父親との激しい非難の応酬の後に、父親を殺したいという気持ちをあらわにする言葉を語る。その「醜悪きわまりないドタバタ劇」を終わらせたのが、非難の場にいあわせたゾシマ長老である。ゾシマはドミートリーのところに歩みよるとその前でひざまずいた。「長老はひざまずくと、ドミートリーの足もとへ意識的な深いしっかりしたお辞儀をし、地面に額までつけたのだった」（『カラマーゾフの兄弟 1』亀山郁夫訳、光文社古典新訳文庫、一九五ページ）。

（5）シュテファン・ツヴァイク『三人の巨匠』（『ツヴァイク全集 8』神品芳夫訳、みすず書房）。

（6）ツヴァイク『女の二十四時間』高橋健二訳、新潮文庫。
（7）ツヴァイク『三人の巨匠』。邦訳は前掲書一三九〜一四〇ページ。ただし改訳している。

解説――フロイト晩年の二つの仮説

中山 元

後期のフロイトの思想

フロイト『人はなぜ戦争をするのか　エロスとタナトス』の解説で紹介したように、フロイトは第一次世界大戦勃発の頃から、それまでの欲動論に飽きたらず、新しい欲動論の構築を開始した。とくに重要だったのは、兵士たちの夢のうちで、苦しかった戦争体験が反復され、精神的な病をもたらす現象、いわゆる戦争神経症の現象だった。この精神の病は、フロイトの精神分析が医学界で公認される重要なきっかけとなるとともに、それまでの精神分析の理論の不十分な点を明らかにするという意味をもっていた。

フロイトの『夢解釈』の基本的な考え方は、夢は欲望の充足であるというものだった。しかし神経症に病む兵士たちは、前線の辛い体験、思い出したくない体験を夢の中で反復するのだった。この反復は、どのような欲望を充足しようとするのだろうか。

この問題に取り組んだフロイトは、人間を動かしているのは生と性の欲動、すなわちエロスの欲動だけでなく、死の欲動タナトスも働いているのではないかと考えるようになる。フロイトの後期の思想はこの死の欲動の概念によって、暗い色彩で彩られることになるのである。

本書には、この時期のフロイトの文学と思想に関連した論考を集めた。これらの文章は、ドストエフスキー、ホフマン、シェイクスピア、イプセンなどの大作家だけでなく、さまざまな神話や伝承にさかのぼりながら、精神分析的な考察のもたらす鋭い洞察の力を示している。そこには後期のフロイトの思想のうちに潜む生の欲動と死の欲動の弁証法的なダイナミズムと、エディプス・コンプレックスを中軸とする仮説と、母親への幻想が要となる前エディプス期にかかわる仮説の対立関係が浮き彫りにされている。文学作品の分析として興味深いだけでなく、フロイトがいかに妥協なく、新たな仮説を立て、その仮説をそれまでの理論体系と対決させ、新しい領野を切り開いていったかを示す記録としても魅力のあるものである。

「不気味なもの」という文章の位置

この解説では、個々の作品別にフロイトの思想の展開を探るのではなく、「不気味なもの」という文章を軸にして、この時期におけるフロイトの思考の複雑な流れを分析することを試みたい。この一九一九年の文章は、一九二〇年の『快感原則の彼岸』と同時期に書かれたものであるが、フロイトは不気味なものの魅力について考察しながら、それまでの理論体系では考えられていなかった新しい仮説に挑戦してゆくのである。

この文章でフロイトは、あるものが不気味に思われる理由を考察しながら、その当時のフロイトが試みていた複数の、ときには対立する錯綜した思考の道筋を明らかにするとともに、そこでは十分に展開しきれなかった問いも残している。この展開しきれなかったものを、その他の文章が補足してくれるだろう。

不気味なものの三つの系列

フロイトが「不気味なもの」で挙げているさまざまな実例は、大きく分けて二つの系列に分けて考えられている。一つは幼年期の昔から「馴染んできた抑圧されたものが戻ってくる」（一九一ページ。以下で、本書からの引用はページ数を示す。その他の引用は脚注で示す）ときに生まれるものであり、これは「抑圧されたものの回帰」と呼べるだろう。もう一つは「抑圧された幼児期のコンプレックス、去勢コンプレックス、母胎還帰幻想」（一九三）などから生まれるものである。この二つの系列はどちらも、不気味な感情は幼年期に起源があること、抑圧されたものが回帰するときに生まれるものであると考えるものである。

第一の系列に属するものとしては、「思考の万能、願望の迅速な実現、危害を加える秘密の力、死者のよみがえり」（一九二）があげられている。これらは幼年期に抱いていたアニミズム的な信念が、成長した後には否定され、抑圧されてきたにもかかわらず、もしかするとかつての信念が正しいのではないかという不安を生むために生まれるものとされている。

第二の系列で語られているもののうち、去勢コンプレックスはエディプス・コンプレックスに由来するものであり、ペニスを切断する父親の脅威によって生まれた不安、ならびに父親の死を望む願望と結びついたものである。第二の母胎還帰コンプレックスは、生まれる前の母親の胎内に戻りたいという願望と結びついたコンプレックスである。そしてこの二つは明確に異なる性質のものと考えるべきであろう。

だから不気味なものは二つの系列ではなく、三つの系列で考えられていると言うべきなのである。第一が幼年期のアニミズム的な確信の正しさがよみがえってきたときに生まれる不安によるもの、第二が父親による去勢不安によるもの、第三が母親の子宮に還帰したいというコンプレックスによるものだということになる（ただし第三の系列の真の意味は、母胎還帰コンプレックスではなく、母親の身体と死にまつわる幻想である。フロイトはこのコンプレックスをエロス的な性格のものと考えているようであるが、じつはタナトス的な性格のものなのである。これについては第三の系列を考察する際に、さらに詳しく検討したい）。

フロイトが不気味なものについて考察したのは「不気味なもの」という論文だけに限らない。じつは本書に収録された文学作品を考察するほとんどの論文は、ある意味ではこの「不気味なもの」という論文の延長線上にあり、不気味なものをもっと別の観点から考察したものなのである。

第一の系列——幼年期のアニミズム

第一の系列の幼年期のアニミズム的な確信がよみがえった不安としては、どのようなものがあるだろうか。フロイトが挙げている順番では、まず「思考の万能」がある。その第一の実例が、神経症の患者によくみられる予知能力である。かれらは、友人の死や不幸などを予知するか、あるいはその瞬間に知ることができる能力があると信じている。症例「鼠男」の場合のように「あんな嫌なやつなんか、死んでしまえ」と呪った後に、実際にその人が死んでしまうことがあると、やがてその人の死の原因が自分の呪いにあったのだと考えるか、自分には他人の死を予知する能力があると考えがちである。神経症の患者の多くは、こうした予感は「『多くの場合は』的中する」(一七五)ものだと信じているのである。

また原始民族で多くみられる雨乞いの儀礼、すなわち「降雨や豊作をよぶ魔法の術[1]」も、こうした儀礼によって天を動かすことができると考えるものであり、思考の万能の表れと考えることができる。またそれを裏返しで表現したタブーとして、ギリヤークの狩人が狩猟をしている間は、「家にいる子供たちは木や砂の上に絵をかくことを禁じられる」というタブーがある。絵にかいた線で、森林の道が「こんがらかって、狩人が家路を見失ってしまう」(2)おそれがあるからである。

第二の実例は「願望の迅速な実現」である。これは前記の鼠男の呪いの実現の場合にもあてはまるものであるが、フロイトが挙げているのはヘロドトスに語られたギリシアのサモス島の僭主ポリュクラテス王の実例である。ポリュクラテス王の願いがあまりにも迅速に次々と適えられるのをみて、サモスの王と友人関係を結んでいたエジプト王アマシスは「あまりに幸運な者は、神々の嫉妬を恐れねばならない」(一七三)と考え、ポリュクラテス王との友人関係を断つことにしたほどである。ポリュクラテス王はのちに、ヘロドトスが「ここに記すに忍びない」(3)と詳細な記述を控えたほどの残酷な方法で殺害され、死骸は磔柱にかけてさらされることになる。「かくてポリュクラテスの恵まれた数々の幸運も、エジプト王アマシスが彼に予言したとおり」(4)の悲惨な終末を迎えることになったのだった。

第三の実例は「危害を加える秘密の力」であり、これも前記の鼠男の呪いにもあてはまる。彼の呪いはたんなる予感ではなく、実際に働いて、呪った相手を死にいたらしめたと考えられているのである。フロイト自身が、患者を治療するために秘密の力を使ったのではないかと、患者の母親から不気味がられたことを指摘している。原始的な民族に多くみられる「邪視」(一七五)の能力もまた、こうした力の一つであり、かつては嫉妬に駆られた人のまなざしは、他人に害を加えることができると信じられていたのである。

第四の実例は「死者のよみがえり」であり、「死者が生者の敵となり、生き残った者を道づれにして、死の国に赴こうとしているのではないかという古い感覚」(一八二)がよみがえってくるのである。これと関連してフロイトがとりあげるのが霊魂の問題である。人間は死に抵抗するために万能な思考を霊魂と考え、霊魂は不滅であると信じることで、死の脅威から身を守ろうとする。だから思考の万能はこの死者のよみがえりと深い関係があることになる。

このようにアニミズム的な確信は、人間はみずからの願うことが必ず、しかも迅速にかなえられるという信念であり、死すらこれを妨げることができないという確信だと考えることができる。フロイトはこれをナルシシズムと関連づける。人間が自己の心理作用のもつ力を高く評価することは、「自己愛の本質」(5)なのであり、原始民族は人間の幼児のナルシシズムを捨てていないのだと考えられるのである。

フロイトはこのアニミズムの段階が自己愛に対応し、自己の外部に愛の対象をみいだすのが「宗教的な段階[6]」であり（これは思考の万能を自己ではなく、神にゆだねた段階である）、最後に「快感原則を捨てて現実に適応しながら外界にその対象を求める」人類の科学的な段階が、人間の成長の「成熟段階」として訪れると考えている[7]。そして一度は捨て去ったはずのこのナルシシズムがふたたび成人の前に現れるときに、人々は不気味なものを感じるということになる。それというのも、人間は「ある程度は依然として自己愛的である[8]」からである。

フロイトはこれに関連して、思考の万能が現代において維持されている領域として、芸術をあげている。小説作品は、この「呪術的な意図」を表現することに長《た》けているのであり、フロイトが「不気味なもの」の考察を、小説作品の分析によって進めようとしたのもそのためでもある。虚構が人々に訴えるのは、密かにナルシシズムがかきたてられるからだということになる。

第二の系列――去勢コンプレックス

第二の去勢コンプレックスであるが、これがフロイトのもっとも重視するコンプレックスのありかたであり、これまでのフロイトの精神分析の理論の中軸とも言えるものである。このコンプレックスについてフロイトは、E・T・A・ホフマンの『砂男』と作家ドストエフスキーの二つの作品の分析で展開している。

ホフマンの「砂男」の分析では、ナターニエルの少年期の去勢不安が砂男の不気味さとして表現されていると考えられている。フロイトが脚注で「再現」した「最初の構成」(二〇三)によると、ナターニエルの父親との関係は「善き父親」と「悪しき父親」の二つの系列で表現される。片方の悪しき父親(コッペリウス)は、少年の眼を潰す(去勢する)と脅し、善き父親(実の父親)は、「子供の眼を奪わないでくれと懇願する」(同)。そしてフロイトは、少年が望んでいたのは悪しき父親の死であったが、それが善き父親の死として実現し、しかも悪しき父親がこれを実行することになると指摘する。

自動人形のオリンピアの逸話では、善き父親がスパランツァーニ教授であり、悪しき父親がコッポラである。砂男は、少年の眼を奪うことを諦めた後に、少年の肢体を分解するような動作をするが、今回はスパランツァーニ教授が、オリンピアの肢体を作り、砂男の系譜のコッポラは、少年から奪った眼をオリンピアにはめ込む。オリンピアに恋していたナターニエルは、教授から眼を投げつけられて錯乱し、狂気のうちに善き父親にあたる教授を殺害しようとするのである。

フロイトは、ナターニエルが生身の婚約者のクララを見捨てて、自動人形のオリンピアに一目惚れするのは、「去勢コンプレックスによって父親に固着してしまっている若者が女性を愛せなくなる」(二〇六)ためであると指摘している。この小説では母親はほとんど不在であるが、その意味については後のところで検討したい。この物語ではナターニエルは恋するオリンピアが分解され、破壊されてしまったのを見て狂気に陥る。ひとときは狂気から快癒したようにみえたが、やがて結婚する予定のクララを見つめて狂気に陥り、クララを殺そうとして死ぬのである。フロイトの解釈では、どれも悪しき父親の砂男の仕業であり、「砂男がつねに主人公の愛を邪魔する人物として登場する」(二六一)のは、砂男が去勢コンプレックスにおける父親の代理だからだという。

ただし最後のナターニエルの死の直接の原因がコッポラであるというフロイトの読解には無理がある。(9) 小説によると、ナターニエルはコッポラを見たから不安に怯えて狂気に陥るのではなく、コッポラの望遠鏡でクララを見つめたから狂って死ぬのである。フロイトは「ナターニエルが狂気の発作を起こしたのは、弁護士が近づいてくるのを見たからだと考えることができるだろう」（一五七）と書いているが、原文ではクララが灰色の茂みが近づいてくるようにみえると指摘したので、ナターニエルが上着のポケットから、コッポラの望遠鏡をとりだして「それで脇の方を覗いた――クララがレンズの真ん前に見える！――途端に身体中の血管がびりびりと痙攣し――彼は死人のように顔面蒼白となってクララを凝視していたが、いきなりぎょろぎょろ光る眼からはぱっと火の手が上がって四方に飛び散ったかと思うと[10]」、狂気のうちにクララを殺そうとするのである[11]。

ドストエフスキーにおける去勢コンプレックス

この去勢コンプレックスとその不安は、ドストエフスキーの生涯と作品の考察においてさらに詳しく検討される。フロイトはドストエフスキーの作品よりも、彼の癲癇の発作について詳しく考察する。ただし痙攣を伴う癲癇の発作ではなく、仮死状態になる発作が去勢コンプレックスの分析の中心となる。

ドストエフスキーの弟によると、彼は若年の頃から、「根拠不明な憂鬱状態」（二四七）に襲われ、実際に死に等しい状態がつづいていたという。そして「夜のうちに仮死状態になって、死んでいるように見えるかもしれませんが、埋葬するのは五日間だけ待ってください」（同）というメモを置いてから眠りについたという。

フロイトはこの仮死状態は、ドストエフスキーの超自我の産物だと分析する。ドストエフスキーの父親は子供に厳しい父親であり、子供は幼児の頃から父親の死を願っていた。これは典型的なエディプス・コンプレックスの表現であり、去勢不安を伴うものである。

少年は「父親をすばらしいと思うから父親にとって替わりたいと願う一方では、父親のようになりたいと思うので、父親を亡きものにしようと願うのである。しかしこの全体のなりゆきは、きわめて大きな障害に直面する」（二四八～二四九）。少年は父親を亡きものにしようとすると、反対に「去勢で処罰されてしまう」（二四九）ことを認識する。少年は男性でありつづけたいために「父親を殺害して母親を自分のものにしたいという願いを放棄する」（同）。

また少年のうちにある女性的な性格は、母親のように父親に愛されたいと願う。しかし女性である母親にはペニスがない。だから母親のように愛されるということは、ペニスを失うということである。去勢不安のためにこの道も閉ざされてしまう。

こうして少年は去勢不安のために、どちらの道も進むことができず、父親を殺害する欲望も、母親のように父親から愛される欲望も抑圧せざるをえない。そして少年のうちに生まれた超自我のために、子供は抑圧した願望に罪の意識を抱く。これが病的な不安を生み出し、仮死状態を引き起こす。超自我は自我に語りかける。「お前は父親になり代わりたくて、父親を殺そうと願っていた。そして今、お前は父親になり代わった。しかし死んだ父親にである」（二五四）。

このような抑圧と罪の意識は、父親への憎しみが維持されるだけに、ドストエフスキーのうちで固着してしまう。そして実際に父親が殺害されるという形で、この願望が実現されたときに、癲癇という発作として発症するとフロイトは考えるのである。

『カラマーゾフの兄弟』では、父親と息子のこの愛情と憎悪の関係が、イワン、ドミートリー、アリョーシャの三人の息子と私生児のスメルジャコフの関係として描きだされる。この対立は一人の女性を巡るものとして描かれており、父親、息子、母親の三人の関係のうちに父親を殺害したいという願望が生まれていることが明示されている。また実際に父親殺害を実行するスメルジャコフは癲癇患者として描かれている。

「あたかもドストエフスキーは、自分のうちの癲癇患者が、神経症の患者が、父親を殺したと認めているかのようである」(二六三)。

　またフロイトはドストエフスキーの賭博熱が、去勢不安と強く結びついたものだと指摘している。賭博は、「二度としないという聖なる決意が決して守られない」(二七二)ことにおいても、「とろけるほどの快感であり、自分が破滅するのではないか」(同)という良心の痛みを伴うことにおいても、オナニーと同じ意味をもつのであり、「賭博への熱中は、かつてのオナニー衝動の代替物」(同)なのである。

　そしてオナニーをする子供は、母親から「そんなことをしていると、先生に「父親に」おちんちんを切ってもらいますよ[12]」と脅かされるのである。少年にとってオナニーは去勢をもたらしうる行為であり、身の破滅なのであり、それでいてやめることのできないものなのである。

　このようにフロイトはドストエフスキーの若年の仮死状態の発作と、賭博熱の両方をたくみにエディプス・コンプレックスとそれに伴う去勢不安から導きだす。そしてこの仮死状態がもたらすのは、最大の不気味さなのである。そもそも「癲癇や狂気の不気味さ」(一八三)は、生者と死者の境界があいまいになるとともに、「死者についての原始的な不安」(一八二)が強くよみがえってくるものと考えられるだろう。しかしそれだけではなく、「多くの人々がもっとも不気味なものとして恐れているのは、死んだと思われて、生きたまま埋葬されることだろう」（一八四）とされているように、仮死状態の発作は不気味さの極致なのである。

「母胎還帰願望」

ただし奇妙なことは、フロイトがこの生きながらの埋葬を「不気味なもの」というよりも、母胎還帰願望と結びつけていることだ。生きながら埋葬されると考えただけで、ぞっとするし、ポーもこれは「地上の何よりも苦しかろう。おぞましいこと甚だしく、これに匹敵するものは地獄の底にも夢想だにできない」[13]と語っているほどの恐怖の対象である。

それなのにフロイトはこの幻想は「ほんらいはまったく恐ろしいものではなく、快感を伴う幻想、すなわち母胎の中でくらしていた頃についての幻想」（一八四）と指摘する。しかしこれではまったく不気味なものではなくなってしまうのではないだろうか。これはいかにも奇妙である。フロイトは不気味なものの第三の系列として「母胎還帰コンプレックス」を挙げていたが、これは死の恐怖をまったく異質な性の欲動に継ぎ木するようなものではないだろうか。たしかに不気味なものは「かつてなれ親しんだもの、昔馴染みのもの」（一八六）を意味するのであり、その意味では子宮は「誰もがかつて、人生の最初の時期に滞在していた場所」（同）ではある。しかし生き埋めにされる場所は墓場であって、子宮ではない[14]。

フロイトはある意味ではここで、考察の筋を転換したのである。そもそも「母胎還帰コンプレックス」は、不気味なものの第三の系列となりうるものではなかったはずである。フロイトは、生き埋めという不気味なものの考察から目を背け、そこに子宮回帰願望というレッテルを貼りつける。

フロイトがここで目を背けたもの、それは子宮としての母胎ではなく、母親の性器であるはずであり、「不気味に感じられる性器は、人間のかつての故郷への入り口」である。少年がかつて目撃したペニスのない母親の性器こそ何よりも不気味なものである（同）であるというフロイトの言葉は、考察の筋が意図的にねじ曲げられたことを証言しているとしか思えないのである。フロイトは不気味なものについて、エディプス・コンプレックスの仮説では説明できない要素があることを認識しながら、それを否定しようとしているかのようである[15]。

メドゥーサの首

というのも、フロイトはさまざまな文章で、女性の性器が男性に与える不気味な印象を語りつづけているからである。女性の性器を見て、母胎還帰願望を感じる男性は珍しいのではないだろうか。女性の性器は不気味なものである。それは「男性の神経症患者が、女性の性器はどうも不気味に感じられると語る」(一八六)だけでなく、すべての男性にとって不気味なものである。そのことはフロイトがみずから認めていることだ。

フロイトは、別の文章で、初めて母親の性器を目撃した少年が感じる恐怖について、次のように語っている。これは直視してならないもの、直視するならば石になって死んでしまうような恐ろしいもの、メドゥーサの首なのである。「メドゥーサが引き起こす恐怖感は、何かを見た際に生じた去勢の恐怖なのである。多数の患者の精神分析で、こうした恐怖は馴染みのものである。それまでは去勢の脅しを信用していなかった少年が、女性の性器を見たために生まれた恐怖なのである。少年は、おそらく毛で覆われた成人の女性の性器、基本的には母親の性器を見たのであろう」[16]。神話に登場するメドゥーサは、頭髪の部分に無数の蛇をまといつかせており、「これを見たものは、恐怖のあまり、石になるとされている」[17]のだった。これを退治したペルセウスは女神アテナに教えられて、メドゥーサを直視せずに、楯に映る像を見ながら、メドゥーサの首を切ったのである。そしてこの首を女神アテナが楯につけたことによって、女神もまた直視することのできない存在となったのだった。「アテナは母の恐るべき性器をさらけだしている」[18]からである。

フロイトはこの直視できない母親の性器は、去勢恐怖を引き起こすから怖いのだと考える。母親の性器の恐怖は、エディプス・コンプレックスからくるものだとされているのであり、そこに欠けているペニスは、父親が少年のペニスをほんとうに切り取ってしまうかもしれないという恐怖の正しさを証拠づけているように解釈できるからである。

そしてフロイトは、「女性の性器を目にした際の去勢恐怖は、男性であれば誰も逃れることのできないものであろう。しかしこの印象によって同性愛になる人と、フェティシズムの対象を作り上げてこれから防衛しようとする人と、そしてこの恐怖を克服する大多数の人々が生まれる」[19]と語っている。多くの人々はこの恐怖を克服するとしても、去勢不安のため女性を愛することができなくなる人々、フェティシズムを必要とする人々もまた多いということになる[20]。

フェティシズムは「少年が女性にペニスがないことを知覚しながら、その事実を認めるのを拒んだ[21]」ために生まれるとフロイトは考える。足のフェティシズムは、足から女性の性器に向かう少年のまなざしの方向を示すものであり、下着のフェティシズムは「脱衣の瞬間、すなわちまだ女性にペニスがあると信じていられた最後の瞬間を固定する[22]」ものとして生まれたというのである。

処女恐怖

このように考えてゆくと、女性の性器は去勢の恐怖を裏づけるものとして、エディプス・コンプレックスの系列に属するものとして解釈すべきものかもしれない。しかし女性の性器にはたんなる去勢恐怖に還元できない要素が含まれる。それは男性にとって女性の性器そのものが、恐怖の源泉となりうるからである。

フロイトはある論文で、いくつもの原始的な民族でみられる処女恐怖について考察している。オーストラリアの多くの民族では、「娘が思春期を迎えると、その処女膜を破ってしまう（23）」ことが多いし、幼少期のうちに処女膜が破られる民族もある。アフリカのマサイ族では、結婚の儀式の一部として、父親がこの任務を担当する。「花嫁の破瓜を商売にする男によって破られる（24）」こともあった。

このタブーの背景には、男性による女性への恐怖が控えていると、フロイトは考える。「未開人がある動物・事柄その他をタブーとしたのは、そこに危険を嗅ぎつけたがゆえである。すべてこれら忌避の掟の背後には、女性に対する根源的な畏怖心が潜んでいることを否定できない。恐らくこの畏怖心は、女が男と違っていて、永遠に理解できず、神秘的で異質的なもの、敵意のある存在と思われるところからきたものであろう（25）」というのが、フロイトの解釈である。そしてこうした不安は「古くさいことのように見えるかもしれないが、決してそんなことはなく、実は今日のわれわれの中にも生き続けているものである（26）」という。

男性を去勢する女性

それでは、今日にまで受け継がれているというこの女性にたいする男性の不安は、どのようにして生まれたのだろうか。フロイトはときに女嫌い《ミソジニー》に近い表現を使いながら、女性にたいする男性の恐怖の原因を探ろうとする。その原因は、ペニスを奪われている女性の根源的な憤慨にあると、フロイトは考える。精神分析の多くの症例の分析から、自分がペニスを奪われているのは不公平であるという憤懣を抱いている女性の多いことが明らかになっていると語るのである。

新婚の夜の最初の性交渉においては、女性は父親にリビドーが固着していて、性交渉の相手に敵意を抱くことが多いという。女性は父親が自分にペニスを与えてくれないとしても、子供をあたえてくれることを期待していることが多い。「その女性のリビドー配分は、それだけ一層、最初の性交による衝撃に強力な抵抗を示す(27)」ものだとフロイトは考える。そして最初の性交渉の屈辱に激しい怒りを感じた女性は、相手の男性のペニスを奪いたいと願うのだという。

フロイトが分析したある女性の夢は、「新郎のペニスを切り取って、それを自分のからだにつけたいという女性の願望をごく自然に物語っていた(28)」という。フロイトはこの願望は隠された形で、さまざまな物語において表現されていると考える。たとえば旧約聖書外典の『ユデト書』では、アッシリアの将軍ホロフェルネスがユダヤの前線の町ベツリアを包囲したとき、信仰にあつい女性ユデトは美しく着飾って将軍の天幕を訪れて、町を攻略する方法を教える。将軍はユデトの美しさに呆然として、「何とかして彼女を自分のものにしたいという欲情に動かされてしまった[29]」。そして二人で宴会を始めたが将軍は深く酔ってしまう。ユデトは寝台の剣を手に取り、「力まかせに彼の頸を二度打ち、首を身体から切りおとした[30]」。ユデトは首を町に持ち帰って、町の勝利を祝うのである。そのときユデトは身の潔白を主張するが、ユデトが自分の身をささげることで、将軍を油断させたことは間違いのないところだとフロイトは考える。フロイトはこの物語を改作したヘベルの『ユーディットとホロフェルネス』を分析しながら、ユデトは処女をささげた後に、その相手を去勢したものであると指摘している。「さきに引用した私婚の花嫁の夢におけると同じく、ユーディットは自分の処女を奪った男を去勢する女である[31]」。

ペルセウスは直視することのできない女性の性器にひとしいメドゥーサの首を切り落としたが、ユデトは自分の処女を奪った将軍ホロフェルネスの首を切り落とし、男性のペニスを去勢したのである。男性は女性と交わるたびに、ペニスを切り落とされるという無意識の不安に怯えるのであり、この不安が「われわれの中にも生き続けている」と語ったフロイトは、そのことを暗示しているのである。

原母

女性が死につながる存在であるというのは、西洋の社会の男性のうちに潜んでいる神話的な意識なのかもしれない。アフロディーテは愛の神であるが、かつては冥府の神だったのであり、愛情の神は死に神と密接に結びついているのである。そのことを明確に語ったのが、「小箱選びのモチーフ」である。一九一三年という、後期のフロイトの思想が展開され始める時期に書かれたこの小論文は、西洋の思想において、そしてフロイトの思想において女性が占めているアンビヴァレントな地位を示す非常に興味深い文章である。この文章では、フロイトはエディプス・コンプレックスによる分析とは違う分析の構想を示しているのである。

シェイクスピアの『ヴェニスの商人』では、バッサーニオがポーシャを花嫁として獲得するためには、金、銀、鉛の三つの箱の一つからポーシャの肖像画が入った箱を正しく選択しなければならない。しかしこれはローマ以来の長い伝説のうちで語られている物語であり、シェイクスピアはそれを借りてきたのだった。

同じくシェイクスピアの『リア王』では、王が三人の娘の示す愛情に応じて、王国を分割しようとする。そして末娘のコーディリアは王を愛するあまりに、上の二人の姉のようには愛情を表現することができず、「真心を口先まで持ち出すことができません」[32]と、父への愛情を言葉で表現することを拒んで、王の怒りを招くのだった。どちらにしても、「三人の姉妹が登場し、そして三人目の末娘がもっとも優れている」（一六）というモチーフは共通しているのである。

これは西洋の神話や童話に広くみられるモチーフであり、ギリシア神話のパリスによる美女選びでは、パリスは三番目の女神、アフロディーテをもっとも美しい女性として選んで、ヘレネーを与えられる（これがトロイアとの戦争の原因になる）。グリム童話の「灰かつぎ姫」では、王子は着飾った上の二人の娘ではなく、灰をかぶって隠れている三人目の娘を后にする。グリムの「泉のほとりのがちょう番の娘」では、『リア王』と同じように、いかに父親を愛しているかを言葉で表現することを求められた三女は、父親を塩に譬えて家を追いだされるが、やがてその真の愛情を認められる。

フロイトは、この三人の女性のうちの末娘を選ぶというモチーフの背景にあるのは、運命の三人の女神であることを指摘する。モイライと呼ばれるこの三人姉妹は、人間の運命と生命を司る女神であり、長女のクロートーは「持って生まれた災い多き素質」(二七)を意味し、次女のラケシスは「運命の法則の厳しさのうちでの偶然的なもの」(二七)、フロイトによれば「人生体験」を意味し、末娘のアトロポスは「避けがたいもの」(二七)、死を意味する。

愛を体現する三人目の女神は、実は死を意味する女神だった。愛の女神のアフロディーテは「かつては冥府の神だった」(三〇)のであり、「オリエントの諸民族の偉大な原母の女神たちもまた、生む神であると同時に破壊する神であり、生命と生殖の女神であると同時に、死の女神でもあった」(同)のである。

ゲーテは『ファウスト』の第二部で、ファウストにこの冥府の原母のところを訪れさせるが、そこは生命の根源の場所であると同時に、死の恐怖の場所である。そこは「生成した事物の世界をはなれて、/形をもたぬ形の世界」(33)である。メフィストフェレスはこう語る。

メフィストフェレス　深い寂寥の底に、実は神々しい女神たちが住んでいるのです。
そこには空間もなければ、時間もありません。——
女神たちを説明するのは、どういっていいかわかりません。

とにかく、それは「母たち」というのです。

ファウスト（愕然とする）母たち。

メフィストフェレス 身の毛もよだちますか。(34)

この「身の毛もよだつ」世界、母たちの世界は冥府である。母は生命を与え、養う存在であると同時に、死へと導く存在でもある。フロイトは本書に収録した「『詩と真実』における幼年時代の記憶について」で、ゲーテが幼年時代に母親の愛を独占したことで、「自分は必ず成功するという確信」（一一二）を抱くようになったことを指摘している。母の役割の重要性を無意識のうちにも自覚していたゲーテが、母たちの世界についてこのような独特な視点を提供しているのは、興味深い。

この三人の女神たちは、偉大な原母たち、「母たち」なのである。この母たちについては、フロイトが分析の主軸としている少年のエディプス・コンプレックスの仮説は無効である。そしてフロイトが考察してきた不気味なもののある部分は、父親との葛藤を中心的な原動力とするエディプス・コンプレックスによってではなく、前エディプス期の母親との葛藤によってしか説明できないのである。

「砂男」の母のモチーフ

たとえばホフマンの「砂男」の不気味さは、たしかに眼球を奪われるという去勢コンプレックスによって生まれていたかもしれない。しかしその不気味さは、もっと別の要素からも生まれているのである。すでに考察してきたように、「砂男」では母親は奇妙に不在である。しかし砂男そのものが母親的な要素をそなえているのである。たとえば乳母が語る砂男の伝説では、砂男とは、眠りにつこうとしない子供たちの目を奪って、これを「半分欠けた月」（一五三）にいる子供たちに餌として与える。「巣の中に座っている」自分の子供たちを育てる砂男は、母親としての機能をはたしているのである。そして砂男は、ナターニエルの四肢を外して、組み立てて調整する。これも母親的なしぐさである。(35)

さらにこの砂男の分身であるコッポラは、スパランツァーニ教授とともに、人形のオリンピアを育てている。二人は父親であるよりは、むしろ母親なのである。フロイトが何度も否定するにもかかわらず、この物語の大きな不気味さは、生きている人間のように動くオリンピアの美しさと、その人形が解体されてしまう気味の悪さから生まれているはずである。

死を教える母

フロイトは『夢解釈』でこの三人の女神について、少年の頃に見た次のような夢の思い出を語っていた。「私は麦粉で拵えた食物を食べようと思って台所へ行った。台所には三人の女がいた。そのうちのひとりは主婦で、手に何か持って、団子でも作るようにそれをこねている。そして『もうすぐ済みますからお待ちくださいʼ』という[36]」。

そしてこの女性は運命の女神に違いないと解釈する。「三人の女といっているうちに、人間の運命を司る三人の女神パルカたちのことを聯想した。すると、夢の中の女三人のうちのひとりは、つまり主婦は人にいのちを与え、私の夢の中でのように、往々生きているものに最初の食べ物を与える母であることに気がついた。女の乳房で、愛と飢えが出会うのである[37]」。

この解釈はフロイトが幼児の頃に母親が与えた「教育」に由来するものである。まず「団子でも作るような」手つきについてフロイトが想起したのは、幼児のフロイトが母親から、「人間は土から作られていて、土に戻らなければならないということを教わった」[38]ということだった。幼児がこれに不安と不満を示すと、「母は掌を擦りあわせて――団子を作る時とまったく同じ恰好で、ただ手の中に捏ねた麦粉がないだけのことだった――われわれがそこから作られている土の見本として、掌を擦りあわせたために生じた薄黒い表皮の垢のかたまりをわたしに示した」[39]。この母の教育に六歳頃のフロイトは納得したのだった。

また「お待ちください」という戒めについてフロイトは次のように想起している。「子供の頃、腹を空かせて台所へ行くと、かまどの側にいた母がよく『もう少しで午御飯だから待っておいで』といったものであるが、それと同じように私が夢の台所で出会ったのは、実際に運命の女神たちだとしていいのである」[40]。

フロイトにとって母親は、死が不可避なものであることを教える存在であり、自分の欲望をすぐに満たすのではなく、家族の全員のための準備ができるまで待つこと、子供の欲望よりも優先される他の欲望が存在することを教える存在なのである。

他者の欲望の欲望

この二つの教育は、父親にたいする愛情と憎悪を原動力とするエディプス・コンプレックスとは違った性格のものである。すでにフロイトは前エディプス期の肛門期において、子供たちの排泄のしつけには、自分の欲望を充足するのではなく、他者の欲望を欲望することを学ぶメカニズムが存在していることを指摘していた。

肛門期においては子供は、排便をしないで便を溜めると、肛門で快感をえられることを発見していた。しかしこの時期に母親は子供にたいして、毎日きまった時間に排便をすることをしつける。子供はここで一つのジレンマに直面する。母親が望んでいることに従うと、自分の快感を放棄することになる。自分の快感の充足に固執すると、母親を悲しませることになる。

この時期に子供は、自分の欲望の充足よりも、他者の欲望を充足することに、より大きな快感が含まれていることを学ぶのである。母親の喜ぶありさまと、喜ぶ母親が自分に示してくれる愛情の大きさのもたらす快感が、肛門という器官のもたらす快感よりも大きいことを学ぶからである。「便は周囲の人々に与える最初の〈贈物〉としての意味をもつ。小児がこれを周囲の人々に与える場合には、小児の従順さを示し、これを与えない場合には、反抗を示すことになる」(41)のである。

この排便のしつけで子供が学ぶことは、自分の欲望を直接に満たすのではなく、母の欲望を欲望することによって、もっと大きな満足がえられることがあるということ、準備ができるまで欲望の充足を「待つ」ことの必要性である。これが子供の道徳性を育てる上で大きな役割をはたすのであり、良心として形成される超自我の審級もまた、このようにして成長の過程で育てられた道徳性の土台なしでは、確立されることが困難になるのである。エディプス・コンプレックスにも、土台のようなものが必要なのである。

死の習得

子供はさらに母親を通じて、別の形でも死の不可避さを学ぶことになる。フロイトが「不気味なもの」を執筆した翌年に発表した『快感原則の彼岸』において、フロイトは孫のエルンストルの奇妙な遊戯を記録している。有名なオーとダーの遊戯である。子供は紐をつけた糸巻をベッドの向こうに投げ込む。そして「糸巻が姿を消すと、子供は意味ありげなオーオーオーを言い、それから紐を引っ張って糸巻をベッドから取り出すと、いかにも満足そうに〈いた〉ダーという言葉で糸巻を迎えた[42]」のだった。

このオーが〈いない〉（フォルト）を意味し、ダーが〈いる〉を意味しているのは周囲の人々には明確なことだった。これはエルンストルが話すようになった最初の言葉の一つだったのである。フロイトは当時、母親が留守がちになっていたことに注目する。母親の不在は子供にとっては苦痛なことにほかならない。それでは「子供が自分にとって苦痛な経験を遊戯として繰り返すことは、快感原則とどのように一致するのであろうか[43]」。

フロイトはここで子供が糸巻を取り戻すと（すなわち母を取り戻すと）いかにも満足そうであったが、子供が頻繁に繰り返していたのは、糸巻をいなくする動作であったことに注目する。子供はこの遊戯において、母親を失うという「受動的な」経験を、母親をいなくするという「能動的な経験」に変えることで満足をえていたのだとフロイトは指摘する。「いいとも、いなくなっちまえ、お母さんなんかいらないさ。ぼくがお母さんを自分であっちにやっちゃうんだ[44]」というのが、この遊戯の意味だったのである。

この遊戯をフロイトが観察したのは一歳半くらいのことで、二歳半頃には、父親が戦争にいったと教えられて、おもちゃを投げては「戦争にいっちゃえ[45]」と言っていたという。フロイトはこれは、父親が不在で母親を独占できたことを喜んでいたと解釈しているが、五歳半のときに実際に母親が亡くなっても、「子供は悲嘆を示さなかった」[46]とフロイトは記録している。

子供は母親を失うという苦痛の大きさを、遊戯によって克服し、死の不可避さを学んだのだった。すでに子供は離乳の際に、母親の乳房という口唇期における最大の快感の源泉を放棄することを学ばされてきた。さらに肛門期の排便のしつけにおいては、排便という快感を放棄することを学ばされてきた。そして今、母親そのものを失うという可能性を、みずから母親を捨てるという遊戯によって、学びつつあるのである。これは死を学ぶということである。母親はみずからの不在によって、子供に死を学ばせたのである。

反復強迫の意味

子供は快感原則を放棄することを、反復的な遊戯によって学んできたのである。フロイトが孫のエルンストルの遊戯に注目したのは、第一次世界大戦の後に、トラウマとなる思い出を反復的に想起する戦争神経症のメカニズムを解明する必要があったからである。苦しい思い出を繰り返して想起することは、快感原則に反している。「反復強迫は快感原則を凌ぐものであり、快感原則よりも根源的、基本的で欲動に満ちたものと思われる」[47]のである。

フロイトは、大きな衝撃を受けた人が、トラウマとなる思い出を反復して夢みるのは、不安を作りだすことによって、この衝撃が再現されるのを防ぐためだと考えている。「こうした夢は、不安を形成しながら刺激を克服することを目指しているのであり、不安が形成されないことが、外傷神経症の原因となっていたのである」[48]。だから不安を形成することは、心というシステムが予想外の刺激によって驚愕させられないように、あらかじめ準備させるという意味をもっていたのである。「この機能は快感原則に矛盾するものではないが、それとは独立しており、快感を獲得し、不快を避けるという目的よりも根源的なものである」[49]のである。フロイトはここにエロスの欲動よりも強い死の欲動（タナトス）の存在を想定するようになる。

夢は快感原則の充足であるという『夢解釈』の分析原則はこのようにして否定され、補足された。フロイトは、人間は生の欲動だけでなく、原初的な無へと戻ろうとする無意識的な死の欲動にも動かされていると考えるのである。この欲動は、死の準備をさせることによって、主体を強烈な刺激から守る役割をはたしているのである。そして死の準備をさせることが母親の役割である。

三人の母親

フロイトは「小箱選びのモチーフ」の最後で、このことを明確に語っている。三人の運命の女神は、母親の三つの姿をアレゴリー的に示したものだった。最初の女神は「生む女」であり、次の女神は「性的な対象となる女」であり、三番目の女神は「破壊する女」の像である(三四)。男性は第一の母親像である生む女としての母親に愛着する。しかし母親は限りのない愛情を注いではくれないし、ときに不在によって子供を苦しめる。子供はその体験を克服するために、母親を捨てて、死が不可避であることを学ぶ。

やがて母親から離れて思春期になって性的な対象を他の女性のもとに探すようになるが、そのときに選ぶのは、母親の原初的なイメージを再現した女性である。第二の像は「男性が母親の面影を思い浮かべながら選び、愛する女性の像」(同)なのである。そして年老いるとともに男性は死の準備をする。第三の女性は「母なる大地としての「原母の」女性であり、男性はこの母のもとに戻ってゆくのである」(同)。老いたるリア王を迎えるのは、「第三の宿命の女神、沈黙する死の女神なのである」(三五)。

この文章は、母親の像の背後にあるのが、幼児のもっとも愛着する慈しみの母親の像だけではなく、欲望を抑圧し、母を失う準備をすることを教える母親、そして究極のところ、死の準備をすることを教える母親、死んだ男性を腕にいだく大地の原母の像であることを語ったものなのである。母親はエディプス的なエロスの欲動の対象となるだけではなく、前エディプス的な死の欲動の象徴でもある。

反復強迫と不気味さ

このようにして反復強迫と、その背後にある不安のメカニズムから、これまでうまく説明できなかった不気味なものについても、考察できるようになる。フロイトは不気味なものについて説明しながら、エディプス・コンプレックスと去勢不安ではどうしても説明できない実例をいくつも挙げていた。

たとえば反復の不気味さである。飾り窓に娼婦が立つ広場に繰り返し戻ってくる不思議さがどうして不気味なのか、[50]六二という数字が同じ日に繰り返し現れることがどうして不気味なのか。「心的な反復強迫を想起させうるものはすべて、不気味なものとして感じられる」(一七三)のはなぜか。フロイトは「わたしたちの根本にある死への感情反応がきわめて強いものだった」(一七九)ことで説明しようとしているが、それほど明確ではない。

それよりもこの反復強迫が、「快感原則を超越してしまうほど強いものであり、精神生活の特定の側面にデモーニッシュな性格を帯びさせる」(一七二)ものであるという説明のほうがわかりやすい。『快感原則の彼岸』で解明されたように、この反復強迫は、主体に不安を引き起こすことで、驚愕するような事態を準備させ、こうした事態の発生を避けるための役割をはたしていると考えることができるのである。この不安が、不気味なものの重要な原因なのである。

あるいは分身、ドッペルゲンガーの不気味さも、この反復との関係で解釈することができる。反復とは、欠如したものの反復であるが[51]、主体は自己の分身において、自己の欠如を感受し、不在の自己の姿を目前にして、戦慄するのである。そもそも「自我の消滅を防ぐための防衛機構」(一六五)であったはずの分身が、増殖し、分離されて、やがて自己そのものよりも厳しい超自我の審級にまで発達し、自我を苦しめることになる。サラ・コフマンが指摘するように、「〈分身〉のこの形態と二次加工は、反復強迫と、その理解可能性の原理である死の欲動とに結びつけられた運命の強迫」(52)と密接な関係にあるのである。

反復強迫と性格

「精神分析の作業で確認された二、三の性格類型」で描かれる多くの人々の運命も、この不安から解釈することができる。マクベス夫人が狂気に陥るのも、マクベス本人が「良心の不安に駆られて恐れていたことを経験する」(七三)からである。マクベス夫人は、血に染まった手の幻影に脅かされて、繰り返し手を洗いつづける。この反復強迫は、殺人という現場を想起したくないが、想起してしまうために生まれるのである。

イプセンの『ロスメルスホルム』では、主人公のレベッカは、実の父親のもとで母親を殺し、父親と結ばれるというエディプス的な夢を半ば実現していながら、そのことを自覚していない。そしてロスメル家に迎えられて、その家の妻を死に追いやり、夫と結婚しようとする直前になって、実の父親と結ばれていたことを知らされて、みずからを滅ぼしてしまう。

フロイトは「他者との関係がいつも同じ結末に終わる人々がいる」[53]ことを確認しながら、その背後にこうした反復強迫の働きをみていた。「どんな人と友情関係を結んでも、最後に友人に裏切られる人々、ある人を自分や世間にとっての大きな権威として祭りあげながら、しばらくするとこの権威を自ら崩し、別の権威を祭りあげることを繰り返す人々、女性との愛情関係がつねに同じ経過をたどって、同じ結末に終わる人々」[54]がいるものである。フロイトは「このような形で現れる強迫は、神経症者の反復強迫と異なるものではない」[55]と指摘する。快感原則に反する反復強迫が生じるときには、「デモーニッシュな性格を示す」[56]のであり、人々はこれに逆らうことができない。そしてこうした反復強迫が、不気味なものという印象を生むのである。

最後に「ユーモア」の論文では、フロイトは機知とユーモアの違いについて、ユーモアが「苦痛の可能性からの防衛であり、苦痛を強制されるような状況から逃れるために、人間の精神生活が作りだした多数の方法のうちの一つ」（二二四）であると語っている。[57]「機知は、快感を獲得するか、あるいはこうして獲得した快感を攻撃のために利用する」（同）ことしかできないが、ユーモアは現実原則を笑い飛ばし、自我が現実の危険に直面し、対処しようとする試みを抑圧するのである。

反復強迫は、自我にたいして不安を与えて準備させることで、自我が現実の衝撃の大きさを味わうことがないようにした。それとは反対の意味で、ユーモアにおいては超自我が自我の現実の衝撃の大きさを味わうことがないようにしていると、考えることができるだろう。不気味なものに襲われる可能性そのものを、ユーモアは笑い飛ばしてしまうのである。たとえば月曜日に絞首台で死刑を執行されることになっている死刑囚が、「今週は幸先が良い」とうそぶいた実例のように、その日に生命を失う運命にあったとしても、ユーモラスな態度は、主体の死すら冗談の種にすることで、自我の崩壊を防ぐのである。

このようにフロイトは「不気味なもの」をエディプス・コンプレックスとアニミズムで解釈できると主張していたものの、その背後には反復強迫と死の欲動の理論が、タナトスの影を色濃く投げかけていたのである。

注

（1）フロイト『トーテムとタブー』。邦訳は西田越郎訳、『フロイト著作集 3』人文書院、二一四ページ。
（2）同。邦訳は同、二一五ページ。
（3）ヘロドトス『歴史』三巻一二五。邦訳は松平千秋訳、岩波文庫、上巻、三六五ページ。
（4）同。邦訳は同、三六六ページ。
（5）フロイト『トーテムとタブー』。邦訳は前掲書、二二二ページ。
（6）同。
（7）同。
（8）同。
（9）フロイトがここで砂男しか見ておらず、クララを見る目をもっていないことについては、サミュエル・ウェーバーの「フロイトは、砂男用にしか眼をもっていないように見える。虜になり、フロイトは彼を凝視し、クララを見ることを端的に拒む」という指摘を参照されたい（サミュエル・ウェーバー『フロイトの伝説』前田悠希訳、法政大学出版局、二八四ページ）。

(10) ホフマン『砂男』。邦訳は『世界文学全集18 ホフマン』、種村季弘訳、集英社、三七ページ。

(11) なお、平野嘉彦『ホフマンと乱歩』（みすず書房）では、このシーンの望遠鏡を勃起したペニスとみなし、江戸川乱歩の小説「押絵と旅する男」で主人公が覗く双眼鏡を、ペニスを切り取られた睾丸、すなわち「去勢された男根」（同書、一一一ページ）とみなして解釈するのは興味深い。

(12) 「そんなことをしてると、A先生に来ていただきますよ。先生はおちんちんを切っておしまいになります」。フロイト「ある五歳男児の恐怖症分析」。邦訳は『フロイト著作集 5』高橋義孝・野田倬訳、人文書院、一七五ページ。

(13) E・A・ポー「早すぎた埋葬」。邦訳は『黒猫／モルグ街の殺人』小川高義訳、古典新訳文庫、光文社、一二三ページ。

(14) ニコラス・ロイル『不気味なもの』（Nicholas Royle, *The Uncanny*, Manchester University Press）は、フロイトがここで「墓（tomb）を子宮（worm）に、子宮を

墓に取り換える」という「キアスムの論理」をもてあそんでいることを指摘している(同書、一四四ページ)。

(15) ダイアン・ジャンティ＝ペース『いわく言いえないものについて語る』(Diane Jonte-Pace, *Speaking the Unspeakable*, University of California Press)は、フロイトが不気味なものを分析するための「マスター仮説」としてエディプス・コンプレックスに依拠しながらも、「対抗仮説」として母親と死にまつわる仮説を否定できないことを指摘する。「不気味なもの」という論文がこの二つの仮説の間の緊張関係にあると考えるこの書物は説得力がある。

(16) フロイト「メドゥーサの首」。邦訳はフロイト『エロス論集』中山元訳、ちくま学芸文庫、二七七ページ。

(17) 同。邦訳は同、二七八ページ。

(18) 同。

(19) フロイト「フェティシズム」。邦訳は同、二八七ページ。

(20) 実際にサラ・コフマンがこの状況について語るように、「この恐怖に直面した男には解決法が二つしかないように思われる。同性愛とフェティシズムである。この状況では異様なのは異性愛である」（サラ・コフマン『女の謎――フロイトの女性論』鈴木晶訳、せりか書房、一一六ページ）というのは正しいかもしれない。
(21) フロイト「フェティシズム」。邦訳は前掲書、二八五ページ。
(22) 同。邦訳は同、二八八ページ。
(23) フロイト「『愛情生活の心理学』への諸寄与――処女性のタブー」。邦訳は高橋義孝訳、『フロイト著作集 10』人文書院、三三五ページ。
(24) 同。
(25) 同。邦訳は同、三三八ページ。
(26) 同。
(27) 同。邦訳は同、三四二ページ。
(28) 同。邦訳は同、三四四ページ。
(29) 「ユデト書」一二章一六節。邦訳は新見宏訳、『旧約聖書外典』上巻、講談社文芸文庫、一五〇ページ。
(30) 同、一三章八節。邦訳は同、一五一ページ。
(31) フロイト「『愛情生活の心理学』への諸寄与――処女性のタブー」。邦訳は前掲書、三四六ページ。

(32) シェイクスピア『リア王』第一幕第一場。邦訳は斎藤勇訳、『シェイクスピア全集七』筑摩書房、一六八ページ。

(33) ゲーテ『ファウスト』第二部。邦訳は大山定一訳、『ゲーテ全集 2』人文書院、一九〇ページ。

(34) 同。邦訳は前掲書一八八ページ。

(35) 前掲のダイアン・ジャンティ＝ペース『いわく言いえないものについて語る』では「砂男は死をもたらす母親としての特性を備えている」ことを指摘しながら、この物語は、「危険な母親の手のもとにある死の恐怖を隠した幻想物語である」ことを確認している（同書、六五ページ）。

(36) フロイト『夢解釈』。邦訳は高橋義孝訳、『フロイト著作集 2』人文書院、一七一ページ。

(37) 同。邦訳は同。

(38) 同。邦訳は一七一〜一七二ページ。

(39) 同。邦訳は一七二ページ。

(40)同。
(41)フロイト『性理論三篇』。邦訳はフロイト『エロス論集』中山元訳、ちくま学芸文庫、一一二ページ。
(42)フロイト『快感原則の彼岸』。邦訳はフロイト『自我論集』中山元訳、ちくま学芸文庫、一二七ページ。
(43)同。邦訳は同、一二八ページ。
(44)同。邦訳は同、一二九ページ。
(45)同。
(46)同。
(47)同。邦訳は同、一四〇ページ。
(48)同。邦訳は同、一五三ページ。
(49)同。
(50)もちろんここでフロイトが感じた不気味なものは、たんに反復だけによるものではなく、飾り窓の女性たちの「ペニス羨望」の邪視によるものと解釈することもできないわけではない。ジェーン・マリー・トッド「フロイトの『不気味なもの』におけるヴェールをかぶった女性」(Jane Marie Todd, The Veiled Woman in Freud's "Das Unheimliche," *Signs* 11:3, 1986, Spring) の五二六〜五二七ページを参照されたい。

(51)「反復とは行動のたんなる常同症ではなく、つねに欠如しているものとの関連での反復である」(ラカン『精神分析の四基本概念』小出浩之・新宮一成・鈴木国文・小川豊昭訳、岩波書店、一八八ページ)。

(52) サラ・コフマン『芸術の幼年期　フロイト美学の一解釈』赤羽研三訳、水声社、一五一ページ。

(53) フロイト『快感原則の彼岸』。邦訳は前掲のフロイト『自我論集』一三八ページ。

(54) 同。

(55) 同。

(56) 同。邦訳は同、一五八ページ。

(57) なおユーモアと機知の違いについてサラ・コフマンは『人はなぜ笑うのか――フロイトと機知』(港道隆・神山すみ江・中村典子訳、人文書院) において、「ユーモアの作り手は、その苦痛を快感に転じることを許す同情的で優しい審級を備えており、揺るぎないナルシシズムによって自己充足を保証されているから、笑うために外的な助けなどを必要とはしない」（一〇七ページ）が、機知は「ナルシシズム的脆弱性のために、外的な第三者を必要とする」（同）と指摘している。

フロイト年譜

一八五六年
東欧のモラビア（現チェコ共和国東部）の町フライブルクのユダヤ人商人の一家の長男として生まれた。ただしフロイト家はその頃にはユダヤ教の儀礼は採用しておらず、わずかに年数回のユダヤの宗教的な祭を祝うにすぎなかった。しかしユダヤ人としての出自は消えず、フロイトは父が町でユダヤ人にたいする嫌がらせで帽子を叩き落とされて、屈辱を味わわされるのを目撃している。この事件は父親にたいするアンビヴァレント（両義的）な感情を高めるとともに、ユダヤ人であることの意味を考えさせることになった。

一八六〇年　四歳
フロイト一家、ウィーンに移住。経済的には苦しい生活を強いられる。フロイトはウィーンは嫌いだと語ることが多かったが、事態が絶望的になるまでは、決してウィーンを離れようとはしなかった。

一八七三年　一七歳
ウィーン大学医学部に入学。生理学者

のブリュッケのもとで学び、顕微鏡によるザリガニの神経細胞の研究で優れた業績をあげている。一八八一年に医学の学位を取得。翌年には、マルタ・ベルナイスと出会って、婚約する。

一八八五年　二九歳
パリを訪問して、シャルコーの有名なヒステリー治療の講義に出席する。それまでにフロイトは、コカインの利用に関する論文を発表して注目されていたが、このときの強烈な体験で、心理学の分野に進むようになる。

一八八六年　三〇歳
ウィーンで神経症の治療を開始する。この治療の経験がやがてブロイアーとの共著『ヒステリー研究』（一八九五年）に結実する。この年、マルタと結婚。

一八九五年　三九歳
『ヒステリー研究』刊行。どれも興味深い症例だが、アンナ・O嬢の分析は、フロイトが催眠術を利用するのをやめて、患者に語らせる「カタルシス」療法を始める決定的なきっかけとなる。

一九〇〇年　四四歳
『夢解釈』（邦訳は『夢判断』）を刊行。すでに一八九五年頃から神経症の治療というよりも精神分析というべき治療法を確立していたが、その重要な方法が患者に夢を語らせることであった。見た夢について患者に尋ねることで、患者の無意識があらわになることが明らかになってきたのである。「夢の解釈は、精神生活の無意識を知るための王道だ」と考えていたフロイトはこの著書で、主として自分の夢を手掛かりに、無意識の表象の重層的な意味の分析方法を明かしたのである。

一九〇一年　四五歳
『日常生活の精神病理学』を刊行。フロイトにとって、無意識が存在することを示す兆候は、三つあった。神経症という病、夢、そして日常生活におけるうっかりした言い間違えや忘却などである。すでに疾患と夢について考察していたフロイトは、この書物でこの第三の兆候について詳細に検討した。

一九〇二年　四六歳
ウィーンのフロイト宅で水曜日ごとに私的な集まりを開くようになった。これがウィーン精神分析協会の始まりである。この協会には、フェレンツィ、ランク、アドラーなどが集まった。後にはアーネスト・ジョーンズが参加してロンドンに精神分析協会を設立し、やがてユングも参加してチューリッヒに精神分析協会を設立する。こうしてフロイトの精神分析の運動は、世界的な広まりをみせるようになる。そして弟子や仲間たちの背反の歴史も始まる。

一九〇五年　四九歳
『性理論三篇』刊行。精神分析の中核となるのは、幼児期の性的な体制の理論とエディプス・コンプレックスの理論であるが、これらの理論を明確に提示したのが、この重要な理論書である。また同年に、『あるヒステリー患者の分析の断片』を発表（症例ドラ）。これは分析が失敗に終わったドラの分析記録であり、以後フロイトは重要な症例分析を次々と発表する。ウィーン精神分析協会の参加者の一人の息子ハンスの動物恐怖症を分析した記録『ある五歳男児の恐怖症分析』（一九〇九年、症例ハンス）、強い父親コンプレックスに悩まされていた強迫神経症の患者の分析である『強迫神経症の一症例に関する考察』（一九〇九年、症例・鼠男）、ドイツの裁判官のパラノイアの分析として名高い『自伝的に記述されたパラノイア（妄想性痴呆）の一症例に関する精神分析的考察』（一九一一年、症例シュレーバー）、ロシアの貴族の強迫神経症の分析である『ある幼児期神経症の病歴より』（一九一八年、症例・狼男）は、フロイトの五大症例として有名であり、精神分析の世界ではいまなお模範的な症例分析とされている。

一九一四年　五八歳

『ナルシシズム入門』発表。第一次世界大戦の勃発にともなう政治的、文化的な危機と、極限状態における人々の異様な反応は、フロイトにそれまでの理論的な体系の再検討を促すものだった。こうしてフロイトはメタ心理的な理論を構築するようになる。そのきっかけとなったのがナルシシズム論の再検討だった。この状況は「戦争と死に関する時評」(一九一五年)にありありと描かれている。

一九一五年　五九歳

『欲動とその運命』刊行。この書物はフロイトの新しいリビドー論を展開するものであり、新たな理論構想が胎動したことを告げる書物である。その後「抑圧」「無意識について」などのメタ心理学の論文が次々と発表される。

一九一七年　六一歳

メタ心理学の論文のうちでも、フロイトにとってとくに重要な意味をもっていたのが、死と喪についての論文「喪とメランコリー」である。この論文でフロイトは新しいリビドーの理論をナルシシズムの理論と結びつけて展開する。これが後に死の欲動という新しい理論に結実することになる。

一九二〇年　六四歳

『快感原則の彼岸』刊行。これはそれまでの自己保存欲動とエロス欲動という二元論的な構成を、死の欲動とエロスの欲動という二元論に組み替えるにいたった注目すべき論文である。ラカンなど、後の精神分析の理論家に大きな影響を与える書物となる。

一九二三年　六七歳

『自我とエス』刊行。新しい欲動論が登場したため、自我の審級論にも手直しが必要となる。後期のフロイトの自我の局所論を示す重要な著作。この年、口蓋部に癌を発病。以後、長くこの病に悩まされる。晩年のフロイトは体調不良の中で執筆をつづけることになる。

一九二七年　七一歳

『幻想の未来』刊行。フロイトの宗教批判を初めて明確なかたちで訴えた書物。宗教だけではなく、宗教という「病」を生んだ西洋の社会にたいするまなざしも鋭い。

一九三〇年　七四歳

『文化への不満』刊行。『幻想の未来』の論調をうけつぎながら、西洋の文化と社会にたいする批判をさらに研ぎ澄ませた書物。超自我と良心の理論、昇華の理論、不安の理論など、それまでの精神分析の理論的な成果を文明批判に応用することによって、精神分析がたんに患者の治療に役立つだけではないことを示したのである。精神分析の理論が政治理論の分野に進出した異例な書物でもある。

一九三三年　七七歳

ヒトラーがドイツで権力を掌握。オーストリアもファシズム国家になる。ユダヤ人迫害も厳しさをまし、国際連盟の無力さがやがて明らかになることになる。この前年フロイトはアインシュタインと書簡を交換し、人間が戦争に赴く理由について考察した「人はなぜ戦争をするのか」を書き、この年に発表している。この書簡のペシミズムは、その後のフロイトを支配する主要な傾向の一つとなる。
またこの年に、『精神分析入門（続）』を刊行。これは『精神分析入門』（一九一六〜一九一七年）の続編として、フロイトの後期の理論体系を講義としてわかりやすく語ったものである。

一九三八年　八二歳
ドイツがオーストリアを占領。ヒトラーがウィーンに到着した三月一三日以降、ウィーンではユダヤ人迫害の嵐が吹き荒れる。三月一五日にはフロイトの自宅が家宅捜索され、二二日には娘のアンナが逮捕され、ゲシュタポに連行されたが、無事に帰宅できた。六月四日にフロイト一家はウィーンを離れ、六日にはロンドンに到着した。しかしフロイトの五人姉妹のうちの四人までが収容所やゲットーで死亡することになる。

一九三九年　八三歳
フロイトの西洋文明とキリスト教批判の最後の言葉である『人間モーセと一神教』刊行。『トーテムとタブー』（一九一三年）の原始社会の誕生に関する考察を敷衍しながら、この書物で検討していたトーテミズムを端緒とする西洋の宗教の歴史の全体を展望する壮大な書物である。また同時に、ユダヤ教についての長年の考察をまとめ、さらにキリスト教批判と、ユダヤ人迫害の背景についても考察した遺著となる。この年の九月二三日、癌のために死去。

訳者あとがき

本書は、フロイトが文学作品をとりあげながら、その作中人物や作者について鋭い精神分析的な考察を展開した論文をまとめたものである。そのうちでもっとも早いものは「小箱選びのモチーフ」（一九一三年）であって、メタ心理学を構築し始める後期のフロイト思想の端緒を思わせる文章である。

この小論は、シェイクスピアの『ヴェニスの商人』で、金、銀、鉛の三つの箱からどれを選ぶかという「小箱選び」のうちに、古代のギリシア以来の三人の女性から一人を選ぶモチーフを読み込み、そこから母親の三つの顔を描くにいたる。フロイトの分析の鋭さは、精神分析という方法がいかに文学解釈においても豊穣な手段となりうるかを強く印象づけるものである。

精神分析の方法にはさまざまな批判もあるが、精神分析によらないと立てられない問題、解かれない問題というものがどうしてもあるのも事実である。またここにはフロイト理論の中軸となるエディプス・コンプレックスと去勢の理論を揺るがすような洞察が含まれていて、きわめて興味深い。

第二の「精神分析の作業で確認された二、三の性格類型」(一九一六年)では、幸福の絶頂で破滅へと向かい始める人物像を、シェイクスピアの『リチャード三世』と『マクベス』、イプセンの『ロスメルスホルム』などの作品を手掛かりに分析する。ときに本筋を忘れて、作品分析に没頭しているところもあり、フロイトがいかに文学作品を愛好していたかが分かって、ほほえましい。

第三の「『詩と真実』における幼年時代の記憶について」(一九一七年)は、ゲーテの自伝的な作品『詩と真実』の小さな告白をとりあげて、長い分析治療の経験のうちで、最初にいだいていた仮説がいかに補強されていくかを明らかにする。分析治療の仕事と、文学作品に感じた小さな疑問が、どのようにしてたがいに絡みあい、洞察をもたらしあうかをうかがわせる。

第四の「不気味なもの」(一九一九年)は、ホフマンの「砂男」の分析を中心に据えながら、「不気味なもの」をアニミズムとエディプス・コンプレックスと去勢の理論で考察できると考えていたフロイトが、さまざまなところで、同時期に執筆していた

『快感原則の彼岸』で展開された新しい死の欲動の理論に知らず知らずに動かされていたかを示している。本書の解説ではこのフロイトの内的な葛藤の考察を中心としながら、他の作品にもふれることにした。

第五の「ユーモア」(一九二七年)は、一九〇五年刊行の『機知——その無意識との関係』の延長線上にある小品であるが、ユーモア文学の笑いのメカニズムと超自我の関係について考察したものとして、ここに含めた。自我に厳しい顔を向けるはずの超自我が、ときに自我をなだめ、死への準備をさせる母親のような役割をはたすことの意外さがおもしろい。

最後の「ドストエフスキーと父親殺し」(一九二八年)は、ドストエフスキーの『カラマーゾフの兄弟』の父親殺しをテーマに、ドストエフスキーの性格と作品を分析するものであり、不気味なものにまつわるさまざまなモチーフが登場する。一気に読ませる力作論文である(なおこの訳文は、『総特集=ドストエフスキー、現代思想2010年4月臨時増刊号』に掲載された訳文に手を加えたものである)。

＊　＊

本書はすでに刊行した二冊のフロイト文明論集のときと同じく、光文社の駒井稔文芸局長と、編集者の今野哲男さんの励ましで編まれたものである。翻訳編集部の中町俊伸さんには、実務面でさまざまにご配慮いただいた。また編集者の中村鐵太郎さんには、原文と照らして、貴重なコメントをいただいた。これらの方々と、いつもていねいに見てくださる校閲の方々のご支援に、心から感謝したい。

中山元

この本の一部には、今日の観点からみて、明らかに差別的な表現が含まれていますが、作品の時代背景、古典としての歴史的・文学的な意味を尊重して使用しました。差別の助長を意図するものではないことをご理解いただきますよう、お願いいたします。

（編集部）

光文社古典新訳文庫

ドストエフスキーと父親殺し《ちちおやごろし》／不気味《ぶきみ》なもの

著者 フロイト
訳者 中山《なかやま》 元《げん》

2011年2月20日 初版第1刷発行
2025年11月20日 第5刷発行

発行者 三宅貴久
印刷 大日本印刷
製本 大日本印刷

発行所 株式会社光文社
〒112-8011東京都文京区音羽1-16-6
電話 03（5395）8162（編集部）
03（5395）8116（書籍販売部）
03（5395）8125（制作部）
www.kobunsha.com

KOBUNSHA

ISBN978-4-334-75224-8 Printed in Japan

組版 新藤慶昌堂

いま、息をしている言葉で、もういちど古典を

長い年月をかけて世界中で読み継がれてきたのが古典です。奥の深い味わいある作品ばかりがそろっており、この「古典の森」に分け入ることは人生のもっとも大きな喜びであることに異論のある人はいないはずです。しかしながら、こんなに豊饒で魅力に満ちた古典を、なぜわたしたちはこれほどまで疎んじてきたのでしょうか。

ひとつには古臭い教養主義からの逃走だったのかもしれません。真面目に文学や思想を論じることは、ある種の権威化であるという思いから、その呪縛から逃れるために、教養そのものを否定しすぎてしまったのではないでしょうか。

いま、時代は大きな転換期を迎えています。まれに見るスピードで歴史が動いていくのを多くの人々が実感していると思います。

こんな時わたしたちを支え、導いてくれるものが古典なのです。「いま、息をしている言葉で」——光文社の古典新訳文庫は、さまよえる現代人の心の奥底まで届くような言葉で、古典を現代に蘇らせることを意図して創刊されました。気取らず、自由に、心の赴くままに、気軽に手に取って楽しめる古典作品を、新訳という光のもとに読者に届けていくこと。それがこの文庫の使命だとわたしたちは考えています。

このシリーズについてのご意見、ご感想、ご要望をハガキ、手紙、メール等で翻訳編集部までお寄せください。今後の企画の参考にさせていただきます。
メール　info@kotensinyaku.jp

光文社古典新訳文庫　好評既刊

道徳の系譜学
ニーチェ／中山元《なかやまげん》◉訳

『善悪の彼岸』の結論を引き継ぎながら、新しい道徳と新しい価値の可能性を探る本書によって、ニーチェの思想は現代と共鳴する。ニーチェがはじめて理解できる決定訳！

ツァラトゥストラ（上・下）
ニーチェ／丘沢《おかざわ》静也《しずや》◉訳

「人類への最大の贈り物」「ドイツ語で書かれた最も深い作品」とニーチェが自負する永遠の問題作。これまでのイメージをまったく覆す、軽やかでカジュアルな衝撃の新訳。

この人を見よ
ニーチェ／丘沢《おかざわ》静也《しずや》◉訳

精神が壊れる直前に、超人、偶像、価値の価値転換など、自らの哲学の歩みを、晴れやかに痛快に語った、ニーチェ自身による最高のニーチェ公式ガイドブックを画期的新訳で。

幻想の未来／文化への不満
フロイト／中山元《なかやまげん》◉訳

理性の力で宗教という神経症を治療すべきだと説く表題二論文と、一神教誕生の経緯を考察する「人間モーセと一神教（抄）」。後期を代表する三論文を収録。

人はなぜ戦争をするのか
エロスとタナトス
フロイト／中山元《なかやまげん》◉訳

人間には戦争せざるをえない攻撃衝動があるのではないかというアインシュタインの問いに答えた表題の書簡と、「喪とメランコリー」、『精神分析入門・続』の二講義ほかを収録。

モーセと一神教
フロイト／中山元《なかやまげん》◉訳

ファシズムの脅威のなか、反ユダヤ主義の由来について、みずからの精神分析の理論を援用し、ユダヤ教の成立と歴史を考察し、キリスト教誕生との関係から読み解いた「遺著」。

フロイト、無意識について語る

フロイト／中山元《なかやまげん》●訳

二〇世紀最大の発見とも言える、精神分析の中心的な概念である「無意識」について、個人の心理の側面と集団の心理の側面から考察を深め、理論化した論文と著作を収録。

フロイト、性と愛について語る

フロイト／中山元《なかやまげん》●訳

愛する他者をどのように選ぶかについて、「対象選択」という視点で考察。そして、性愛と抑圧的な社会との関係にまで批判的に考察を進める。性と愛に関する7つの論文を収録。

フロイト、夢について語る

フロイト／中山元《なかやまげん》●訳

夢とは何か。夢のなかの出来事は何を表しているのか。『夢解釈』の理論の誕生とその後の展開をたどる論考集。「願望の充足」「無意識」「前意識」などフロイト心理学の基礎を理解する。

詩学

アリストテレス／三浦洋《みうらひろし》●訳

古代ギリシャ悲劇を分析し、「ストーリーの創作」として詩作について論じた西洋における芸術論の古典中の古典。二千年を超える今も多くの人々に刺激を与え続ける偉大な書物。

経済学・哲学草稿

マルクス／長谷川宏《はせがわひろし》●訳

経済学と哲学の交叉点に身を置き、社会の現実に鋭くせまろうとした青年マルクス。のちの『資本論』に結実する新しい思想を打ち立て、思想家マルクスの誕生となった記念碑的著作。

共産党宣言

マルクス、エンゲルス／森田成也《もりたせいや》●訳

マルクスとエンゲルスが共同執筆し、その後の世界を大きく変えた歴史的文書。エンゲルスによる「共産主義の原理」、各国語版序文、「宣言」に関する二人の手紙（抜粋）付き。

光文社古典新訳文庫　好評既刊

自由論
ミル／斉藤《さいとう》悦則《よしのり》◉訳

個人の自由、言論の自由とは何か。本当の「自由」とは。二十一世紀の今こそ読まれるべき、もっともアクチュアルな書。徹底的にわかりやすい訳文の決定版。（解説・仲正昌樹）

市民政府論
ロック／角田《つのだ》安正《やすまさ》◉訳

「私たちの生命・自由・財産はいま、守られているだろうか？」。近代市民社会の成立の礎となった本書は、自由、民主主義を根源的に考えるうえで今こそ必読の書である。

人間不平等起源論
ルソー／中山《なかやま》元《げん》◉訳

人間はどのようにして自由と平等を失ったのか？　国民がほんとうの意味で自由で平等であるとはどういうことなのか？　格差社会に生きる現代人に贈るルソーの代表作。

社会契約論／ジュネーヴ草稿
ルソー／中山《なかやま》元《げん》◉訳

「ぼくたちは、選挙のあいだだけ自由になり、そのあとは奴隷のような国民なのだろうか」。世界史を動かした歴史的著作の画期的新訳。本邦初訳の「ジュネーヴ草稿」を収録。

笑い
ベルクソン／増田《ますだ》靖彦《やすひこ》◉訳

〝笑い〟を引き起こす〝おかしさ〟はどこから生まれるのか。形や動きのおかしさから、情況や言葉、そして性格のおかしさへと、喜劇のさまざまな場面や台詞を引きながら考察を進める。

読書について
ショーペンハウアー／鈴木《すずき》芳子《よしこ》◉訳

「読書とは自分の頭ではなく、他人の頭で考えること」。読書の達人であり、一流の文章家が繰り出す、痛烈かつ辛辣なアフォリズム。読書好きな方に贈る知的読書法。

光文社古典新訳文庫　好評既刊

テアイテトス

プラトン／渡辺《わたなべ》 邦夫《くにお》◉訳

知識とは何かを主題に、知識と知覚について、記憶や判断、推論、真の考えなどについて対話を重ね、若き数学者テアイテトスを「知識の哲学」へと導くプラトン絶頂期の最高傑作。

パイドン――魂について

プラトン／納富《のうとみ》 信留《のぶる》◉訳

死後、魂はどうなるのか？　肉体から切り離され、それ自身存在するのか？　永遠に不滅なのか？　ソクラテス最期の日、弟子たちと獄中で対話する、プラトン中期の代表作。

ゴルギアス

プラトン／中澤《なかざわ》 務《つとむ》◉訳

人びとを説得し、自分の思いどおりに従わせることができるとされる弁論術に対し、ソクラテスは、ゴルギアスら3人を相手に厳しい言葉で問い詰める。プラトン、怒りの対話篇。

ニコマコス倫理学（上・下）

アリストテレス／渡辺《わたなべ》 邦夫《くにお》・立花《たちばな》 幸司《こうじ》◉訳

知恵、勇気、節制、正義とは何か？　意志の弱さ、愛と友人、そして快楽。もっとも古くて、もっとも現代的な究極の幸福論、究極の倫理学講義をアリストテレスの肉声が聞こえる新訳で！

弁論術

アリストテレス／相澤《あいざわ》康隆《やすたか》◉訳

ロゴス（論理）、パトス（感情）、エートス（性格）による説得の技術を論じた書。善や美、不正などの概念を定義し、人間の感情と性格を分類。比喩などの表現についても分析する。

神学・政治論（上・下）

スピノザ／吉田《よしだ》 量彦《かずひこ》◉訳

宗教と国家、個人の自由について根源的に考察したスピノザの思想こそ、今読むべき価値がある。――破門と焚書で封じられた哲学者スピノザの〝過激な〟政治哲学、70年ぶりの待望の新訳！

光文社古典新訳文庫　好評既刊

カンディード
ヴォルテール／斉藤《さいとう》悦則《よしのり》◉訳

楽園のような故郷を追放された若者カンディード。恩師の「すべては最善である」の教えを胸に度重なる災難に立ち向かう。「リスボン大震災に寄せる詩」を本邦初の完全訳で収録！

寛容論
ヴォルテール／斉藤《さいとう》悦則《よしのり》◉訳

実子殺し容疑で父親が逮捕・処刑された〝カラス事件〟。著者はこの冤罪事件の被告の名誉回復のために奔走する。理性への信頼から寛容であることの意義、美徳を説く歴史的名著。

存在と時間（全8巻）
ハイデガー／中山《なかやま》元《げん》◉訳

〝存在（ある）〟とは何を意味するのか？　刊行以来、哲学の領域を超えてさまざまな分野に影響を与え続ける20世紀最大の書物。定評ある訳文と詳細な解説で攻略する！

リヴァイアサン（全2巻）
ホッブズ／角田《つのだ》安正《やすまさ》◉訳

「万人の万人に対する闘争状態」とはいったい何なのか。この逆説をどう解消すれば平和が実現するのか。近代国家論の原点であり、西洋政治思想における最重要古典の代表的存在。

政治学（上・下）
アリストテレス／三浦《みうら》洋《ひろし》◉訳

「人間は国家を形成する動物である」。この有名な定義で知られるアリストテレスの主著の一つ。後世に大きな影響を与えた、プラトン『国家』に並ぶ政治哲学の最重要古典。

君主論
マキャヴェッリ／森川《もりかわ》辰文《よしふみ》◉訳

傭兵ではなく自前の軍隊をもつ。人民を味方につける…。フィレンツェ共和国の官僚だったマキャヴェッリが、君主に必要な力量を示した、近代政治学の最重要古典。

光文社古典新訳文庫　好評既刊

賭博者

ドストエフスキー／亀《かめ》山《やま》郁《いく》夫《お》◉訳

舞台はドイツの町ルーレッテンブルグ。「偶然こそ真実」とばかりに、金に群がり、偶然に賭け、運命に嘲笑される人間の末路を描いた、ドストエフスキーの〝自伝的〟傑作！

カラマーゾフの兄弟　1〜4＋5 エピローグ別巻

ドストエフスキー／亀《かめ》山《やま》郁《いく》夫《お》◉訳

父親フョードル・カラマーゾフは、粗野で精力的で女好きの男。彼と三人の息子が、妖艶な美女をめぐって葛藤を繰り広げる中、事件は起こる――。世界文学の最高峰が新訳で甦る。

罪と罰（全3巻）

ドストエフスキー／亀《かめ》山《やま》郁《いく》夫《お》◉訳

ひとつの命とひきかえに、何千もの命を救える。「理想的な」殺人をたくらむ青年に押し寄せる運命の波――。日本をはじめ、世界の文学に決定的な影響を与えた小説のなかの小説！

悪霊（全3巻＋別巻）

ドストエフスキー／亀《かめ》山《やま》郁《いく》夫《お》◉訳

農奴解放令に揺れるロシアは、秘密結社を作って国家転覆を謀る青年たちを生みだす。無神論という悪霊に取り憑かれた人々の破滅と救いを描く、ドストエフスキー最大の問題作。

白痴（全4巻）

ドストエフスキー／亀《かめ》山《やま》郁《いく》夫《お》◉訳

純真無垢な心をもち誰からも愛されるムイシキン公爵を取り巻く人間模様を描く傑作。ドストエフスキーが書いた〝ほんとうに美しい人〟の物語。亀山ドストエフスキー第4弾！

未成年（全3巻）

ドストエフスキー／亀《かめ》山《やま》郁《いく》夫《お》◉訳

複雑な出生で父と母とは無縁に人生を切り開いてきた孤独な二十歳の青年アルカージーがつづる魂の「告白」。ドストエフスキー後期の傑作、45年ぶりの完訳！　全3巻。